Louis René Villermé

Les Animaux dans l'Agriculture

Étude

 Le code de la propriété intellectuelle du 1er juillet 1992 interdit en effet expressément la photocopie à usage collectif sans autorisation des ayants droit. Or, cette pratique s'est généralisée dans les établissements d'enseignement supérieur, provoquant une baisse brutale des achats de livres et de revues, au point que la possibilité même pour les auteurs de créer des œuvres nouvelles et de les faire éditer correctement est aujourd'hui menacée. En application de la loi du 11 mars 1957, il est interdit de reproduire intégralement ou partiellement le présent ouvrage, sur quelque support que ce soit, sans autorisation de l'Éditeur ou du Centre Français d'Exploitation du Droit de Copie, 20, rue Grands Augustins, 75006 Paris.

ISBN : 978-1986404099

10 9 8 7 6 5 4 3 2 1

Louis René Villermé

Les Animaux dans l'Agriculture

Étude

Table de Matières

I. LES BÊTES DE TRAVAIL   7

II. LES BÊTES DE RENTE. — L'ACCLIMATATION DES ESPÈCES NOUVELLES.   48

I. LES BÊTES DE TRAVAIL

Les animaux sont pour beaucoup dans le charme attaché à la vie des champs. Quel mouvement paisible, quelles harmonies gracieuses ne répandent-ils point sur les paysages les plus divers, aussi bien que sur les scènes un peu uniformes du travail rural ! La prairie gagne à être habitée par de grands bœufs qui pâturent ou qui reposent couchés dans les hautes herbes. Un vigoureux attelage de chevaux anime singulièrement le guéret où ils promènent la charrue. Le coteau le plus aride devient agréable à l'œil, si quelque troupeau de moutons s'éparpille sur ses flancs pour en brouter les plantes maigres et rares. Il n'est pas jusqu'au porc lui-même qui ne puisse à l'occasion égayer la basse-cour de son allure grotesque et de son cri discordant. Les animaux domestiques ne se bornent pas toutefois à jouer dans la nature un rôle purement pittoresque, ils interviennent d'une manière active dans la satisfaction de nos nombreux besoins; aussi la zoologie est-elle une des sciences les plus riches en applications utiles, et l'une de celles qui ont l'heureux privilège d'exciter l'intérêt de tout le monde. Quant à l'agriculteur, pourrait-il ne pas s'en préoccuper vivement? Sa vie même le maintient avec les animaux en rapports continuels, et si son bétail ne constitue pas sa fortune entière, il représente du moins presque toujours une partie importante de son capital d'exploitation.

A vrai dire cependant, le cultivateur néglige fort le côté scientifique de la question. Peu lui importent les divisions basées sur des différences anatomiques, les ordres, les familles et les genres. Théoriquement, les agronomes distinguent en *bêtes de rente* et en *bêtes de travail* les animaux domestiques; mais comme cette classification n'est pas toujours satisfaisante [1], et comme le produit net (le bénéfice) est en fin de compte le seul but que se proposent les cultivateurs, ceux-ci ne s'arrêtent guère à d'aussi subtiles définitions. Ils diviseraient plus volontiers tous les animaux de la création en animaux utiles, animaux inutiles et animaux nuisibles. Peut-on néanmoins affirmer avec certitude qu'un être quelconque auquel Dieu a donné la vie est inutile sur la terre? Dans le rôle providentiel des créatures, les apparences sont souvent trompeuses. Malgré le grand nombre de lapins, de fouines et de rats dont il nous délivre, les quelques poules qu'il dérobe font qualifier le renard de bête malfaisante; mais on aurait tort d'estimer vraiment nuisibles tous les animaux dont on dit du mal. Le moineau par exemple prélève sur nos récoltes une dîme qui nous irrite; il nous rend pourtant d'indispensables services en faisant une guerre acharnée aux insectes qui détruisent les moissons, et qui sont, eux, par leur nombre infini, la prodigieuse rapidité de leur multiplication et leur petitesse même, nos plus dangereux ennemis. Ainsi encore se comportent l'engoulevent, le hibou, la chauve-souris, le hérisson et mille autres pauvres bêtes que leur triste figure ou quelque sot préjugé rend trop fréquemment nos victimes [2]. Il ne faut pas croire en effet que l'on tienne à l'état domestique toutes les bêtes qui sont utiles, et que l'on doive détruire sans pitié toutes celles qui vivent à l'état sauvage. Plusieurs de ces dernières sont nos coopérateurs fidèles, et, en les tuant impitoyablement à la chasse, nous agissons parfois contre nos propres intérêts.

Quoi qu'il en soit, l'industrie agricole ne donne une attention spéciale qu'à l'entretien des animaux utiles réduits en domesticité, et c'est de ceux-là seulement que nous avons à parler après quelques considérations communes aux deux groupes, — bêtes de travail et bêtes de rente, — dont le premier nous occupera d'abord.

I. — CHOIX DES ANIMAUX A ENTRETENIR.

Quelle quantité et quelles espèces particulières d'animaux convient-il d'entretenir dans la situation économique du domaine que l'on exploite? Tel est le problème qui doit être avant tout résolu. Des terrains privilégiés, comme ceux que féconde le Nil, comme la vallée du Gange, comme les terres noires de la Russie, sont aptes à donner sans fumier ou presque sans fumier d'abondantes récoltes. En France, nous avons les alluvions du Rhône, du Rhin et de la Garonne, la Limagne d'Auvergne, certaines parties des bords de la Loire, etc., où le bétail peut devenir la source de bénéfices importants, sans être au même degré qu'ailleurs indispensable à la fécondité des champs. Pour la grande majorité des exploitations au contraire, le succès se mesure à la masse de fumier qu'on enfouit dans la terre; rarement celle-ci en reçoit assez, presque toujours elle en manque, et quand le voisinage d'une ville ne permet pas de trouver près de soi toute sorte d'engrais à bon compte, on doit s'ingénier à en produire beaucoup en nourrissant sur la ferme autant d'animaux qu'il est possible.

Plusieurs agronomes ont affirmé qu'une tête de gros bétail adulte ou son équivalent par hectare était la proportion normale. Ce chiffre ne se trouve cependant pas en France fréquemment atteint : les fermes qui, dans nos concours régionaux, obtiennent les primes d'honneur n'y parviennent même point toutes; on compte celles qui le dépassent, et pour rendre possible un tel résultat, il faut ordinairement l'aide d'une industrie annexe. Avec un assolement quadriennal et une étendue passable de prairies, on a déjà lieu de se féliciter dans la plupart des cas lorsque l'on arrive à trois quarts de grosse tête par hectare. Du reste, en pareille matière, il n'y a pas à se préoccuper seulement des facultés fourragères du sol; on est aussi forcé de tenir compte du capital dont on dispose, car il ne faut pas se dissimuler que l'achat des animaux, la construction de leurs étables, les soins de leur entretien et les travaux des cultures qui leur sont destinées exigent un fonds de roulement plus considérable que si le système adopté reposait principalement sur la production des céréales. Il est évident que la France [3] ne possède pas assez d'animaux domestiques. Nous en nourrissons beaucoup plus et de meilleurs que nous ne le faisions autrefois, nous en nourrissons plus que d'autres pays; mais ce qui prouve que nous n'en avons pas encore en quantité suffisante, c'est le mauvais état de fumure de tant de champs, c'est le prix sans cesse croissant de la viande de boucherie, c'est enfin l'obligation où nous sommes de faire venir chaque année de l'étranger un nombre plus ou moins grand de bêtes que nos campagnes pourraient élever et nourrir, si la masse des cultivateurs s'en préoccupait davantage. Il est heureux que la France ait renoncé aux tristes et factices ressources du système protecteur, et que, confiante en ses forces, elle n'hésite plus à emprunter à des peuples mieux dotés sous certains rapports ce qui peut lui faire défaut; cependant il ne faudrait jamais oublier, quand on parle d'animaux domestiques, que la valeur vénale est loin de résumer toute la question. Les engrais sont là, ou plutôt devraient être là, qui compliquent le problème, puisqu'ils exercent une action si puissante sur l'avenir des récoltes. Aussi, les engrais manquant à nos terres, tandis que nos terres, avec une culture soucieuse de la multiplication du bétail, deviendraient plus fécondes, nous voudrions voir la France augmenter d'une manière notable le chiffre de sa population animale.

Dès que l'on a calculé sur la quantité de fourrages dont on dispose le nombre d'animaux que l'on peut entretenir, il devient facile de procéder au choix de ces derniers. Le climat et le sol en limitant les espèces de fourrages que la terre produit, les conditions économiques du pays en facilitant telle ou telle spéculation et en compromettant singulièrement le succès de telle autre, exercent déjà sur ce choix une influence dont il faut tenir compte. Les bêtes de travail seront celles qu'on devra se procurer d'abord, parce que leur concours est indispensable; mais comme leur nourriture coûte cher, comme leur valeur diminue chaque jour en raison de l'accroissement de leur âge, comme enfin leurs déjections, semées le long des routes pendant le travail, sont en partie perdues pour la ferme, le mieux sera de réduire les attelages au chiffre strictement nécessaire. Dans une foule de contrées, le luxe des chevaux devient pour les riches fermiers, sinon une cause de ruine, du moins la source de grosses et inutiles dépenses. Bien plus sages sont donc les hommes qui s'efforcent d'augmenter la proportion de leurs bêtes de *rente* ou de *profit*, parce que celles-ci assurent au cultivateur, soit une plus grande masse de produits réguliers, soit de plus nombreuses occasions de bénéfices.

Comme animaux de travail, on a le cheval, le bœuf, l'âne et le mulet parvenus à l'âge adulte; le bétail de rente ou de profit se compose, outre les reproducteurs de toute espèce et les jeunes bêtes qui en proviennent, de la vache, du bœuf d'engrais, des moutons, des cochons, en quelques endroits des chèvres, enfin à un degré d'importance inférieur des divers habitants de nos basses-cours.

Aujourd'hui la grande et la moyenne culture n'attellent guère que des chevaux, des bœufs, et dans certains pays des mulets. Malgré tous ses mérites, l'âne est trop faible pour les exigences de nos rudes travaux; il reste plutôt bête de bât ou se borne à rendre sur la ferme quelque autre service accessoire. Le mulet est plus fort: aussi l'utilise-t-on à la charrue dans les sèches contrées que des conditions climatériques obligent à employer ce sobre auxiliaire. La vache sert parfois; mais comme le travail nuit à l'abondance de son lait, on aurait tort de lui demander plus qu'elle ne peut fournir, de pénibles efforts tout le jour et du lait le soir. Le taureau s'attelle rarement. Dans plusieurs exploitations bien organisées, les vaches ou le taureau sont chargés seulement d'apporter l'herbe verte que pendant la belle saison on coupe chaque matin pour la nourriture du bétail, et ils laissent ainsi disponibles pour la charrue les attelages de gros travail. Réduit à une telle mesure, l'emploi de ces animaux est sage, quand on a des domestiques capables de dominer le taureau et de ménager soigneusement les forces de la vache. En exiger plus ou les confier à toutes mains serait chose imprudente. La question, en définitive, reste dès lors sur la plus grande surface de la France pendante entre le bœuf et le cheval. Les uns prônent exclusivement le cheval, les autres le bœuf; les uns et les autres ont tort, quand ils formulent un jugement absolu. En agriculture, le choix à faire dépend toujours des circonstances dans lesquelles on se trouve, et il faut se garder d'attribuer au problème une solution unique, car souvent l'emploi simultané du cheval et du bœuf, — non pas au même attelage, leurs allures sont trop différentes, mais séparément sur la même exploitation, — peut devenir la combinaison la plus économique. Du reste, les considérations sur lesquelles se règle la préférence accordée soit à l'un, soit à l'autre, sont multiples. Le cheval acquiert à cinq ans sa plus grande valeur commerciale, ensuite son prix marchand diminue; on doit donc, avec une écurie de travail, se préoccuper de la dépréciation continue des bêtes qui dépassent l'âge de cinq ans, et calculer l'amortissement qu'elle nécessite. Dans plusieurs contrées, beaucoup de cultivateurs remédient à un tel inconvénient en employant soit des juments poulinières que la vente de leurs poulains transforme en bêtes de rente, soit de jeunes chevaux achetés au moment où ils commencent à travailler, pour les revendre plus tard, à l'époque de leur pleine valeur, ce qui en fait des bêtes de profit: mais on ne peut, dans aucune de ces deux combinaisons, demander aux attelages une très forte somme de travail. D'ailleurs ces sortes de spéculations ne sont point partout réalisables et ne conviennent pas à tout le monde; aussi l'amortissement nécessaire augmente-t-il d'un chiffre notable les frais d'écurie de la plupart de nos cultivateurs. Avec des bœufs, l'amortissement devient inutile, parce qu'on peut les revendre à des engraisseurs dès qu'on désire s'en défaire, si l'on ne préfère les engraisser soi-même. Cette aptitude du bœuf à mieux conserver sa valeur marchande, pourvu seulement qu'on ne le laisse pas trop vieillir, et à commencer sa transformation en bête d'engrais dés le jour où s'arrête le travail, est un avantage important. Ajoutez que sa nourriture et ses harnais [4] coûtent moins cher que ceux du cheval, que son prix d'achat est également moindre, et que l'on est moins exposé avec lui à toutes les fraudes du maquignonnage; ajoutez enfin que son tirage est plus calme, plus régulier, et que son fumier est plus abondant.

Qui n'a parfois, dans nos montagnes de la France centrale, admiré une belle paire de bœufs retenant sur le penchant d'un sentier abrupt le char qui porte à la ville voisine de lourds fardeaux ou d'encombrantes récoltes? Les jambes de devant résistent, les jambes de derrière s'infléchissent, le cou se raidit; le poids de la charge fait crier le grossier véhicule, et menace de précipiter l'attelage; mais, calme dans sa marche autant qu'inébranlable, le bœuf obéit à son conducteur. Il avance sans hâter le pas, il modère sans secousses la descente du char, et arrive sans encombre jusqu'à la route où aboutit le sentier. Près de là est un marais où ne poussent que des herbes dures et sans saveur dont ne veut aucun cheval; c'est cependant un peu de cette herbe qu'on donne au bœuf comme récompense, ou bien quelques tiges sèches de maïs plus dures encore, et il s'en contente. Demain il défrichera un bois, et, maintenu dans le devoir par le chant monotone ou les vives interpellations de son maître, il fera dans ce nouveau travail preuve de la même énergie. Ni les racines que rencontrera la charrue, ni les pierres qu'elle soulèvera n'arrêteront ses efforts. Sa vraie place est donc au milieu des pays pauvres, dont les cultivateurs manquent de capital, dont les chemins sont mauvais, en pente rapide, dont le sol est difficile à labourer, dont les fourrages se composent principalement d'herbes marécageuses ou d'espèces médiocres. Là domine le bœuf sobre, patient et fort, qui seul peut bien vivre et bien travailler dans de telles conditions. Les montagnes de l'Auvergne, les marais de l'Aunis et du Poitou, les coteaux arides des Cévennes et du Languedoc, beaucoup d'autres pays encore, ne peuvent guère renoncer au bœuf. On le retrouve cependant aussi dans les riches plaines de la Flandre et du Cotentin, dans toutes les industrieuses campagnes où la culture des racines a pris un large développement; mais le bœuf n'y est plus le travailleur exclusif du pays : il y vit à côté du cheval, utilisant les résidus de sucrerie, de distillerie, de féculerie, et les aliments aqueux dont celui-ci ne saurait se contenter. Tels sont les avantages du bœuf, et l'on voit qu'ils sont nombreux. En revanche, il lui faut un conducteur spécial, habitué dès longtemps à ses paisibles allures, respectant ses besoins et ne le surmenant pas; entre les mains des hommes qui n'ont jamais labouré qu'avec des chevaux et qui se croiraient déshonorés en échangeant contre l'aiguillon du bouvier le fouet qu'ils aiment tant à faire claquer, le bœuf serait exposé à de nombreux accidents. D'ailleurs, si celui-ci laboure mieux, grâce à la régularité un peu lente de son pas et à la persévérance avec laquelle il surmonte les obstacles, le cheval, dont les mouvements sont plus vifs, fait un meilleur hersage et sait mieux se tirer du bourbier où il vient accidentellement de s'engager. La terre est-elle gelée, le pied du cheval est plus sûr, La forte chaleur et le froid excessif l'incommodent moins que le bœuf, qui ne sait pas les supporter. Si le cheval a des impatiences, il a la rapidité, et il peut à l'occasion, pour donner plus de temps au travail, abréger la durée de son repas. C'est donc lui qui, dès que la route est passable, se prête à marcher vite et à opérer plus promptement une rentrée de récoltes que menace l'orage; c'est encore lui que son maître pourra transformer en bête de selle ou de cabriolet pour se rendre au marché voisin. Aussi son activité le fait-elle substituer au bœuf en tout pays où les progrès de la culture améliorent les chemins, rendent les terres moins tenaces, exigent un travail quotidien plus rapide, car le cheval devient ruineux s'il ne compense point par un labeur incessant la cherté de son entretien. Dès que les travaux sont interrompus par des chômages fréquents ou longs, c'est au bœuf qu'il faut revenir, parce qu'il utilise à faire de la viande les jours de repos qu'on lui accorde. Ainsi, dans les montagnes, dans les pays pauvres à fourrages marécageux, à travail irrégulier, le bœuf; dans les pays de culture meilleure, le cheval; enfin le bœuf et le cheval dans les contrées nue la nature ou l'industrie humaine dispose à leur emploi simultané en assurant leur commune nourriture.

Pour ce qui concerne le bétail de rente et le bétail de profit à introduire dans ses étables, le cultivateur est encore guidé par des considérations analogues. S'il n'y a jamais intérêt à transformer la ferme en une ménagerie agricole nourrissant toutes les espèces d'animaux utiles, il convient cependant, sur un domaine de quelque importance, d'entretenir dans une proportion variable plusieurs de ces espèces, afin d'assurer l'entière consommation des ressources alimentaires que l'on possède. Ne rien perdre, ni un brin d'herbe, ni une pelletée de fumier, n'est-ce pas le grand secret des succès en agriculture comme en industrie ? Néanmoins chaque province, chaque exploitation même semble incliner de plus en plus à s'occuper spécialement de certains animaux et à négliger un peu tous les autres. Cette tendance est logique ; elle résulte de la nature des choses, c'est-à-dire du climat, du sol, du degré de richesse, de l'état commercial, et elle correspond à ce que les économistes nomment la division du travail. Féconde aux champs comme dans l'atelier en résultats heureux, la division du travail fait produire en Bretagne et dans le Perche, puis élever dans la Beauce, une partie des chevaux de trait qu'utilise Paris ; elle fait naître dans nos montagnes du centre et travailler dans nos provinces de l'ouest une foule de bœufs qu'engraissent ensuite nos riches vallées de Normandie ; c'est elle enfin qui, dans le voisinage des grandes villes, où le lait se vend cher, fait préférer à tout autre bétail des vaches qu'on achète *amoyantes* [5] et qu'on prépare pour la boucherie dès que leurs qualités laitières diminuent.

Dans les plaines humides et sur les « plateaux volcaniques dont la fertilité s'explique par la composition chimique du sol et par une grande altitude qui condense les vapeurs de l'atmosphère, » on ne peut avoir que des bêtes à cornes et non pas des bêtes à laine, que la cachexie ferait bientôt périr. Si les pâturages donnent seulement une herbe courte et sèche, on entretient des moutons et non plus des bêtes bovines, qui ne tarderaient pas à y mourir de faim. C'est ce qui éloigne ces dernières du midi de la France et ce qui les multiplie dans le nord, c'est même ce qui force plusieurs de nos provinces méridionales à soumettre leurs troupeaux à la transhumance. Semblable alors au nomade du désert, qui promène sa tente à la recherche de *fraîches oasis* et quitte celles qu'il vient d'épuiser pour en aller toujours épuiser de nouvelles, le pasteur des troupeaux transhumants ne compte pas uniquement, comme nourriture de ses bêtes, sur l'herbe que produisent les pâtures environnantes. Quand la chaleur de l'été dessèche trop le sol de la plaine, il gravit la montagne, au besoin il voyage et conduit son troupeau à plusieurs lieues de distance, parfois bien loin, sur des terres qu'on lui loue. La sécheresse l'a chassé, mais les froids le ramènent, La montagne devient inhabitable; il redescend aussitôt et guide au point de départ toute sa bande voyageuse, qui retrouve l'herbe reverdie pour quelque temps encore, et entassée dans le fenil la provision d'hiver.

L'escarpement des lieux augmente-t-il assez pour que ni le bœuf ni le mouton n'osent s'aventurer dans les précipices, ou bien des broussailles et des pampres offrent-ils un surcroît de fourrages : on a la chèvre, dont le pied agile sait gravir les rochers, atteindre les anfractuosités les plus ardues, et dont le robuste estomac se contente de ce que mépriseraient les autres ruminants. La jachère est-elle, à tort ou à raison, un des procédés de culture habituels, la ferme est-elle étendue : le mouton utilisera l'herbe des guérets : il ramassera les épis oubliés et trouvera sur le domaine un parcours suffisant. Enfin l'exploitation est-elle plus restreinte, on revient aux bêtes bovines, si les racines et les crucifères y poussent abondamment; on y élève des poulains, si la végétation se compose surtout de graminées et de légumineuses. Dans la plupart des fermes, le doute n'est pas longtemps permis : la nature des ressources alimentaires détermine quelle espèce d'animaux on doit particulièrement entretenir; les conditions commerciales et l'état de culture précisent presque aussi nécessairement l'industrie qui paiera le mieux les soins du cultivateur. On n'élève avec profit que dans les pays pauvres, où cependant les chaleurs de l'été ne durcissent pas tellement l'herbe qu'elle soit rendue impropre à la nourriture des jeunes animaux. Dans les pays riches, on se livre plutôt à l'engraissement. Et c'est ainsi que se manifeste une fois de plus l'inexorable partialité de la fortune. Les contrées pauvres auraient besoin de fumier; mais l'insuffisance du sol ne permet guère d'y obtenir cette végétation abondante sans laquelle l'engraissement des bêtes et par suite l'abondance et la bonne qualité du fumier sont impossibles. C'est aux pays déjà riches qu'est réservée, afin de les enrichir davantage, une semblable spéculation. On ne prête qu'aux riches, dit le proverbe. A ce point de vue, il aurait pu dire : on ne donne qu'aux riches, puisque l'élève des jeunes animaux, la seule spécialité des pays pauvres, absorbe au profit des engraisseurs une partie des phosphates contenus dans les terres sur lesquelles se forme la charpente osseuse du jeune bétail.

Quant aux porcs, dont nous n'avons point encore parlé, on conçoit qu'ils trouvent partout leur place, puisqu'ils sont omnivores. Résidus de laiterie, déchets de boucherie ou d'équarrissage, fruits avariés et marcs sans valeur, tout ce que refuseraient ou utiliseraient mal nos autres bêtes domestiques, on peut le présenter au porc. Ce vorace animal en acceptera une grande partie; il transformera en chair précieuse ce qui ne paraissait bon que pour le fumier, et il pourra jusque dans les plus humbles chaumières servir ainsi à améliorer la nourriture de nos populations.

On voit quel genre d'industrie, suivant les ressources dont on dispose, mérite la préférence. Là cependant ne se bornent point les questions que soulèvent en agriculture les animaux domestiques. Il faut rappeler quelles règles président à leur reproduction, à leur entretien, et, pour les bêtes dont l'abattoir est la station dernière, à leur engraissement.

II. — REPRODUCTION DES ANIMAUX.

Quoiqu'il n'en coûte pas plus pour planter et pour tailler un bon arbre qu'un mauvais, combien les bons fruits sont rares néanmoins dans les vergers de nos paysans ! On prend une greffe sur le pied que l'on possède déjà, on la pose sur un sujet venu tant bien que mal ou arraché sans soin dans la forêt voisine. Les fruits obtenus sont âpres et chétifs. N'importe, on y est habitué, et à tort l'on s'en contente. De même agit-on trop souvent avec le bétail, dont la reproduction reste dans bien des cas subordonnée au pur caprice de la fantaisie ou aux paresseuses habitudes de la routine.

Il n'est pas toujours indispensable, nous en convenons, de faire naître chez soi le bétail dont on veut s'occuper. Dans certaines circonstances au contraire, l'intérêt bien entendu des cultivateurs leur conseille d'opérer sur des animaux qui, nés ailleurs, ont déjà passé par plusieurs mains. Il importe cependant à tout le monde de bien connaître, pour les appliquer à l'occasion, les règles que précise l'expérience relativement à la multiplication de nos espèces domestiques. En effet, si la valeur des animaux dépend beaucoup des soins qu'ils ont reçus pendant leur jeunesse, une grande partie de leurs mérites provient aussi des parents dont ils descendent. Avec des accouplements faits au hasard entre parents trop disproportionnés ou trop disparates, on s'expose à voir naître des bêtes *décousues*, c'est-à-dire sans harmonie dans les formes; avec des parents affectés, l'un et l'autre du même défaut, on consolide dans leur descendance le vice dont on se plaint chez eux-mêmes. L'importance du reproducteur, dont le choix doit être fait en vue de combattre obstinément par des qualités contraires les défauts que l'on redoute, ne saurait donc être douteuse. Elle est si grande que certains pays voisins, la Belgique pour ses chevaux, la Suisse pour ses taureaux, exercent sur les étalons une surveillance stricte, qui pourrait nous sembler vexatoire, à nous, dont cependant la délicatesse en fait de liberté n'est pas extrême. Le *studbook* des chevaux pur-sang et le *herdbook* des bêtes durham sont là pour prouver que la constatation officielle des généalogies commence à n'être plus négligée par les éleveurs habiles.

De combien d'éléments il faut tenir compte en pareille matière, et que de complications mal comprises par beaucoup d'hommes agissent puissamment sur l'avenir! On sait par exemple que la taille des animaux augmente ou diminue avec la fécondité des terres et la valeur nutritive des plantes : les bêtes de forte taille consomment moins de fourrages, eu égard à leur poids, que les bêtes de taille plus petite. Ne semble-t-il pas ressortir de ces circonstances que l'on a toujours intérêt à entretenir sur le domaine des animaux aussi grands qu'il est possible? Eh bien! le contraire peut devenir vrai pour les races de moutons à laine fine, car alors le développement en taille de chaque bête augmente moins la surface tondue, et par suite le poids total de la laine, que ne le fait l'accroissement en nombre du troupeau.

Parmi les causes qui doivent influer sur le caractère du produit obtenu, nous aurions tort de négliger l'âge des reproducteurs. Les parents déjà vieux ne procréent pas d'ordinaire des petits très sains et surtout très beaux; ceux-ci rappellent presque toujours par quelques traits fâcheux la vieillesse des ascendants. Que si l'on veut obtenir des bêtes robustes, capables de résister aux fatigues d'un long travail ou à d'autres mauvaises conditions, il sera prudent toujours d'employer un étalon qui se trouve encore dans la plénitude de sa force; mais s'il s'agit de bêtes destinées à produire de la viande ou du lait, on donnera la préférence à un mâle encore jeune, parce que ses fils seront plutôt un peu lymphatiques, un peu mous de tempérament, et par suite mieux disposés à cette tranquillité d'allures qui favorise si bien le développement de la graisse et la sécrétion du lait. Quant aux formes des reproducteurs, tout le monde en apprécie l'extrême importance, car elles divulguent le plus souvent avec exactitude les qualités intimes, les aptitudes de la bête. C'est à force d'en examiner et d'en manier que les maquignons excellent à juger les chevaux; or l'éleveur n'a pas besoin pour les accouplements qu'il dirige de moins d'attention que le marchand pour ses achats. Aux étalons destinés à produire des bêtes de trait, il demandera une poitrine large, une encolure musculeuse, un corps un peu massif, des articulations solides; chez ceux qui doivent donner des bêtes de bât, il recherchera une épine dorsale légèrement voûtée; il préférera dans les races de boucherie une ossature mince, une peau fine, avec un grand développement de poitrine et la petitesse des membres. Du reste, c'est tantôt le père, tantôt la mère. qui exerce sur leur produit mutuel la plus grande somme d'influence. On cite même (chose étrange!) des femelles qui, fécondées d'abord par un mâle, et, un ou deux ans après, par un autre, donnent dans leur dernière portée des petits sur lesquels l'influence du premier mâle paraît avoir persisté. Quoi qu'il en soit de ces inexplicables problèmes, celui des deux parents qui *race* davantage est celui dont la santé est la meilleure, dont la force est la plus grande, dont le sang est le plus ancien. On sait que les animaux tout récemment améliorés, les métis et les demi-sang de formation nouvelle, sont des reproducteurs peu sûrs et d'action capricieuse, dès qu'on les unit à des bêtes de race pure. Aussi, lorsque M. Malingié, de regrettable mémoire, voulut créer sa race de la Charmoise, eut-il soin de détruire par de nombreux croisements préalables le caractère propre des brebis qu'il destinait à ses béliers new-kent. Cette puissance d'action, qui est due à l'antiquité de la famille, porte le nom d'*atavisme*, et elle est telle que l'arrière-petit-fils fait parfois revivre un défaut ou une qualité que ne présentaient plus ni son père ni son aïeul; mais ce qui peut-être prouve encore le mieux cette persistance de l'atavisme ou de l'hérédité, c'est l'aptitude particulière que possède notre race chevaline du Poitou à donner les meilleures juments mulassières que l'on connaisse. Évidemment ni les formes ni l'éducation ne concourent à ce résultat. La jument poitevine conçoit du baudet plus facilement que toute autre et donne de meilleurs mulets, parce que l'ancienneté des rapports qui existent entre sa race et l'espèce asine a imprégné son père, sa mère et elle-même d'une disposition occulte à mieux recevoir une semblable fécondation [6]. Toute autre explication serait inadmissible.

Plusieurs agriculteurs, s'appuyant sur l'exemple du mulet, qui ressemble surtout à l'âne, et sur l'exemple du bardot, qui ressemble davantage au cheval, inclinent à croire qu'en toute occasion le père transmet plutôt ses formes extérieures, et la mère ses conditions vitales internes avec son caractère : d'où il résulte qu'il faut beaucoup compter sur celle-ci pour conserver aux petits l'aptitude nécessaire à vivre là où ils devront naître, et qu'en dehors même de la raison d'économie provenant de ce qu'un seul mâle suffit à un grand nombre de femelles, il y a toujours avantage à employer le mâle comme agent améliorateur.

Tandis que l'influence du père sur les formes s'exerce, quoique générale, plus puissamment sur les parties antérieures du corps, l'influence de la femelle, quand elle devient possible, se limite plus particulièrement aux parties postérieures de son croît, et elle semble être, comme le prouvent encore le mulet et le bardot, assez décisive sur la taille. Certains agriculteurs prétendent enfin que les femelles tiennent souvent davantage de leur père, et les mâles de leur mère. On a bien contesté quelquefois l'exactitude d'une semblable remarque ; mais nous devons déclarer que notre expérience personnelle nous porte à admettre cette bizarrerie d'influence, qui s'exercerait volontiers sur les produits en raison contraire du sexe des parents.

Les qualités extérieures ne sont pas seulement bonnes à indiquer par avance l'aptitude du produit obtenu à tel ou tel genre de services ; plusieurs de ces qualités sont aussi pour beaucoup dans le chiffre qu'atteindra le prix de la vente, sans avoir cependant toujours une signification très sérieuse. C'est de la couleur des poils de l'animal que nous voulons principalement parler en ce moment : ici le public n'estime que des vaches rouges, là les vaches blanches ; plus loin les vaches bringées [7] sont seules en faveur. Dans tous ces cas, les éleveurs ont grand soin de se conformer aux caprices de la mode, et ils appareillent dans le sens voulu les robes de leurs reproducteurs.

On aurait tort d'attacher aux nuances du pelage une importance trop absolue. La robe est variable dans un grand nombre de races, et celle qui a fini par dominer dans certaines familles n'est sans doute maintenue la même que par les soins qu'on y apporte. Un seul poil noir, la moindre tache bleue sur le nez passent chez les durham pour preuve que le sang n'est point pur; les bœufs de Salers que nous voyons sont tous d'un rouge foncé, les bœufs du Charolais sont blancs ou jaunes. Néanmoins tous les chevaux arabes ne naissent point gris, non plus que tous les chevaux flamands ne naissent noirs. Le pelage est un indice dont la gravité augmente pour les races qui présentent le plus ordinairement les mêmes nuances; mais il serait, selon nous, imprudent, quand le désaccord n'est pas considérable, de s'en rapporter à lui seul. « De même que la couleur des cheveux chez les hommes, celle des poils chez les animaux est aussi, prétend-on, un indice de tempérament [8]. » Les nuances foncées de la robe, celles de la peau surtout, sont considérées comme accusant une force musculaire plus grande, tandis que les couleurs pâles dénoteraient plus de mollesse, et par conséquent conviendraient mieux aux bêtes laitières ou aux bêtes de boucherie. Telles sont les assertions les plus générales. Les conciliera qui pourra avec la robe presque toujours gris d'argent des chevaux arabes et la robe rouge brun des vaches flamandes. Pour façonner des animaux qui présentent à un haut degré certains caractères auxquels on attache une grande importance, les éleveurs empruntent quelquefois, soit à une autre race de la même espèce, soit à une autre espèce, un mâle dans la famille duquel se trouvent déjà fixés les caractères dont il s'agit. Le métis résulte du mariage de deux individus de même espèce appartenant à deux races distinctes; l'hybride provient de l'accouplement de deux individus d'espèces différentes [9], et jusqu'à ce jour le mulet est le seul hybride qu'ait vraiment acquis notre pratique agricole. L'union de deux animaux d'espèce différente a pour ainsi dire quelque chose de contre nature; aussi ne s'observe-t-elle point dans l'état sauvage. Elle est toujours le résultat de la perversité de goûts que finit par engendrer une domesticité remontant à de nombreuses générations, ou bien elle procède de l'intervention volontaire de l'homme; mais dans aucune des deux circonstances elle n'est très facile à obtenir. La jument se montre beaucoup moins féconde avec l'âne qu'avec le cheval; le bouc et la brebis produisent dans l'Amérique du Sud ces pellons dont l'industrie convertit la dépouille en tapis, en couvertures de selle, tandis que sous notre climat leur union reste stérile. En tout cas, lorsqu'un produit nouveau résulte d'un mariage entre parents d'espèces différentes, quelque voisines qu'elles puissent être, l'hybride obtenu demeure infécond. Les rares exemples du contraire que l'on prétend citer sont le plus souvent contestables, et ne s'appliquent qu'à des femelles, jamais à des mâles.

Entre animaux de même espèce qui diffèrent seulement de race, le mariage ne présente ni de semblables difficultés ni de semblables conséquences. Les parents se recherchent plus volontiers, et le fruit de leurs amours, fécond comme eux-mêmes, participe tout à la fois des qualités du père et de celles de la mère. C'est par ce procédé qu'on crée chaque jour de nouvelles variétés d'animaux, dont plusieurs deviennent pour l'agriculture d'un intérêt extrême, variétés bien plus vite acquises que s'il eût fallu demander à la sélection, c'est-à-dire à l'emploi successif de reproducteurs soigneusement choisis, d'abord dans la même race, puis dans la même famille, le résultat cherché. La méthode des accouplements consanguins, que les Anglais nomment *in and in* et les Allemands *inzucht*, a été celle qu'ont suivie les créateurs de nos meilleures races pour obtenir les types admirables que nous leur devons. La race durham a été faite ainsi par les Colling, et la race dishley par Bakewell ; mais cette marche est bien lente, parfois même elle peut devenir dangereuse. La débilité de certains troupeaux, leur peu de fécondité, leur tendance à plusieurs maladies dont les ancêtres portaient le germe en eux-mêmes, doivent être fréquemment attribués à l'emploi trop prolongé du même sang [10]. Pour combattre ce dernier danger, Jonas Webb, dont le nom rappelle une suite non interrompue de brillants succès, Jonas Webb entretenait à Babraham deux familles distinctes de south-down, qu'il maintenait attentivement séparées, et entre lesquelles il se contentait d'opérer de temps à autre l'échange de quelques mâles. Ainsi doivent procéder entre eux les cultivateurs voisins, quand le troupeau qui existe sur le domaine n'est pas assez considérable pour permettre par lui-même cette utile précaution.

L'opération qui consiste à emprunter à une autre race les mérites que ne possède pas la race dont on s'occupe porte le nom de croisement. Ce procédé présente souvent au fond plus de difficultés qu'on ne le suppose. L'inconnu dans lequel on se place par rapport aux conséquences des alliances essayées, la suite d'observations attentives que nécessite la sage direction de tels efforts, la somme de connaissances, au besoin la persévérance de sacrifices qu'exige la méthode du croisement, ne doivent pas être oubliés. La sélection convient mieux à la plupart des cultivateurs, mais le croisement peut devenir entre des mains habiles un moyen plus puissant. Étudions-en donc les règles principales. Plus les espèces sur lesquelles on opère sont douées d'une grande longévité, plus seront lentes à se bien fixer chez elles les modifications que l'on recherche; en revanche, plus ces modifications persisteront dès qu'on les aura une fois obtenues. On peut néanmoins agir favorablement par ce moyen sur les caractères originels de toutes nos familles d'animaux domestiques. Les moutons de la Beauce sont presque tous des métis de mérinos; il y a eu du sang hollandais introduit autrefois dans les veines de nos vaches normandes; nos chevaux lorrains passent pour descendre de familles orientales, et combien d'autres races nous pourrions citer encore, même parmi celles qui sont aujourd'hui les mieux caractérisées, qui dans le principe ne furent que des métis! Comme les races perfectionnées sont en général plus délicates, plus exigeantes au moins que les races vulgaires, il faut, avant d'introduire chez soi un étalon étranger, commencer toujours par améliorer les conditions hygiéniques de logement et de nourriture que devront trouver à leur naissance les produits qui en sortiront. Il ne faut pas non plus vouloir aller trop vite et rapprocher d'un seul coup deux bêtes trop disparates. On marchera plus sûrement d'ordinaire en se hâtant moins, en ne cherchant pas à corriger plusieurs défauts à la fois, en ne travaillant à un nouveau progrès qu'après avoir bien acquis la fixité d'un premier mérite. Il peut donc être sage de revenir, suivant les effets qui surgissent, tantôt au sang améliorateur, tantôt au sang à améliorer. Le point qu'il convient de ne pas dépasser est du reste limité par les modifications économiques en vue desquelles le croisement lui-même a été essayé. C'est ainsi que l'amélioration générale des voies de communication a eu pour résultat en France de restreindre peu à peu l'élève du bidet et des autres chevaux de selle, remplacés par des chevaux de trait plus ou moins légers. C'est ainsi encore que le perfectionnement des ressources alimentaires du bétail et le

I. LES BÊTES DE TRAVAIL

haut prix de la viande font depuis quelques années introduire sur beaucoup de domaines, comme types reproducteurs nécessités par un prochain avenir, des bêtes spécialement aptes à s'engraisser plus jeunes que celles dont on s'occupait autrefois.

On a fait beaucoup de bruit, dans le monde agricole, autour de ce mot de *spécialisation*. Les uns se sont disputé l'invention de la chose, les autres l'invention du nom. La vérité est qu'aucun de nos contemporains n'a rien inventé de semblable. On a créé des races, des variétés nouvelles pour mieux répondre à des besoins nouveaux; mais la conformité du bétail aux besoins spéciaux qui existent est un fait de toute antiquité. Le cheval de selle que nous citions tout à l'heure nous en fournit une preuve irrécusable. Quant aux animaux des espèces bovine et ovine, ils étaient moins façonnés en vue de la boucherie, parce que l'importance de la boucherie n'était point alors ce qu'elle est devenue depuis. On se tromperait fort d'ailleurs si l'on croyait que dans une bonne agriculture toutes les bêtes doivent toujours et partout recevoir une destination exclusive. Pour le porc, cela n'est point douteux: pour le cheval, le bœuf et le mouton, la question n'admet pas une réponse aussi radicale. Quoi qu'il en soit, les perfectionnements opérés en vue de développer l'aptitude des animaux à prendre beaucoup de graisse et à la prendre de bonne heure ont également leurs limites. La chair des bêtes excessivement précoces et très vite ou trop largement engraissées n'est ni aussi agréable au goût ni aussi nutritive que la chair des autres, et en même temps qu'un embonpoint considérable permet moins d'apprécier les formes vraies de l'animal, il diminue souvent sa puissance prolifique. Les verrats et les truies de nos races indigènes sont des reproducteurs plus féconds que les verrats et les truies de plusieurs races dites très perfectionnées; les doubles portées, qui sont assez fréquentes chez des brebis communes, se présentent beaucoup plus rarement dans les bergeries des races améliorées. Le bien même a ses bornes, qu'il ne doit pas franchir sous peine de cesser d'être le bien.

Parfois cependant ni la sélection ni le croisement ne peuvent suffire, et le parti le plus sage et le plus radical tout ensemble consiste dans la substitution complète d'une race à une autre. C'est ainsi que la Bretagne se voit envahie au sud par la race parthenaise et au nord par la race normande, au fur et à mesure que ses progrès agricoles lui permettent l'entretien de bêtes bovines plus fortes que ses anciennes petites vaches. Un tel procédé présente l'avantage d'être aussi expéditif que possible. Il n'y a là ni tâtonnements ni délais; mais une semblable mesure n'est point partout praticable. En tout cas, il suffit de la signaler, car, dès que l'opération est accomplie, on rentre dans les conditions ordinaires des éleveurs qui préfèrent conserver leurs races particulières, et l'on n'a plus ensuite à marcher que par voie de sélection.

III. — ENTRETIEN ET ENGRAISSEMENT DES ANIMAUX DOMESTIQUES.

Accoupler les animaux domestiques avec assez d'intelligence pour que leurs produits apportent en naissant toute l'aptitude désirable à bien remplir l'emploi auquel on les destine, ce n'est pour le cultivateur que le commencement de sa tâche. A peine le jeune animal est-il né, qu'il faut déjà s'en occuper attentivement et agir sur son moral, s'il est permis de parler ainsi, en même temps que sur son physique, par tous les moyens dont on dispose. Les bêtes ont des passions, des tendresses et des antipathies comme les hommes. Pourquoi donc les faire souffrir, les irriter sans motif? Leurs membres sont, comme les nôtres, sensibles à la jouissance et à la douleur; pourquoi donc ne point leur procurer toutes les satisfactions raisonnables? pourquoi n'agir pas toujours avec douceur, si la douceur suffit, et n'avoir pas pour leur bien-être corporel les diverses précautions que réclame une sage hygiène?

Aussi l'air et la chaleur, surtout pour les jeunes animaux, l'exercice, les soins de propreté, qui manquent si souvent dans les campagnes aux gens et au bétail, devront être accordés aux bêtes dans une proportion convenable, car aucune de ces conditions de vie ne peut être indifférente. Elles deviennent au contraire plus nécessaires depuis que nous soumettons davantage le bétail à une captivité constante et à une nourriture dont l'abondance ne compense pas toujours la fâcheuse uniformité. Les prairies artificielles, que nos progrès agricoles étendent si rapidement, ne remplacent pas sous tous les rapports la grande variété d'aliments que des pâturages naturels assureraient aux herbivores. C'est ainsi que les fleurs du trèfle incarnat et les gousses des plantes à grains ronds (vesces et pois) occasionnent parfois chez les chevaux, et surtout chez les poulains, des maladies assez graves. C'est ainsi encore que la météorisation est fort à redouter pour tous nos animaux domestiques, quand on ne surveille pas suffisamment l'emploi *en vert* des plantes qui forment la majeure partie de nos prairies artificielles. Ailleurs, c'est l'abus des pulpes ou des drèches qui débilite les bêtes et compromet leur santé, et cette question de l'alimentation mérite d'autant plus de la part des cultivateurs un examen sérieux, qu'elle se lie intimement à la question du système de culture qui doit être adopté.

Il peut être parfois avantageux de tenir les animaux renfermés dans une étable qu'ils ne quittent presque jamais, et où ils reçoivent tous les soins nécessaires. Ce régime, qui ne laisse gaspiller par le piétinement aucun brin de fourrage, qui ne laisse perdre par une diffusion intempestive aucun atome de fumier, qui permet enfin à la bête, en lui évitant toute fatigue, tout mouvement inutile, de profiter mieux de la nourriture qu'elle consomme, a reçu le nom de stabulation permanente. Parfaitement applicable au bétail que l'on engraisse, ce régime peut encore être imposé, dans le sein des villes, aux vaches laitières, dont il finit néanmoins par altérer la santé ; mais, avouons-le, il est beaucoup trop contraire à la nature des choses pour convenir à un grand nombre de fermes, et bien souvent un système mixte de pâturage et de stabulation est infiniment préférable. La stabulation permanente compromettrait l'avenir des jeunes animaux que l'on élève, et dont le parfait développement exige une plus grande liberté d'allures. Elle s'accorderait mal également avec les conditions culturales d'un pays pauvre, dont l'herbe pousse trop rare et trop courte pour qu'il n'y ait point économie à laisser aux bêtes le soin d'aller la brouter elles-mêmes. Le pâturage, qui est tout l'opposé de la stabulation, convient seul à ces derniers pays, comme aux contrées montagneuses, dont les mauvais chemins rendent singulièrement difficile la rentrée des récoltes. Il est enfin en usage dans certaines provinces dont le sol fécond, mais trop humide pour la charrue, produit en telle abondance une herbe de bonne qualité, que les animaux y prennent un rapide embonpoint. On nomme *près d'embouche* ces gras pâturages, et ils font la fortune des cultivateurs qui les possèdent, car ils produisent beaucoup, tout en exigeant peu de travail. La Saintonge, la Vendée, la Normandie, le Charolais et le Nivernais en offrent, en France, les plus frappants exemples.

Pour que les animaux apportent dans la consommation de l'herbe un ordre régulier, et qu'ils ne se fatiguent pas inutilement à vaguer au milieu d'espaces considérables, on divise souvent les pâturages en plusieurs parties que l'on ouvre successivement au bétail, et ce dernier système nous semble, sur les grands domaines, bien préférable aux dangereuses entraves à l'aide desquelles on s'efforce parfois de retenir les bêtes prisonnières dans la prairie. Le pâturage au piquet, qui passe cependant pour un des meilleurs, empêche les animaux de se rendre à l'abreuvoir, quand la soif se fait sentir. Il ne leur permet ni de se bien défendre contre les attaques des insectes, ni de rechercher un abri contre la pluie ou contre le soleil. Il ne vaut donc pas le pâturage pur et simple dans une prairie parfaitement close, où l'on a pris soin de disposer quelque hangar rustique. Du reste, dès qu'une prairie ne fournit sous la faux que 1,000 ou 1,100 kilogrammes de foin sec par hectare, la conversion de cette prairie en pâturage est ordinairement ce qu'il y a de mieux à faire.

De même qu'il y aurait presque toujours avantage à labourer, en les fumant mieux, un nombre d'hectares moins considérable, il y aurait également profit à mieux nourrir un moindre nombre de bêtes. Le maintien de la vie consomme chez les êtres vivants une certaine proportion d'aliments, et la force, le lait et la graisse ne se produisent chez eux que par la somme de nourriture qui dépasse leur indispensable ration d'entretien. Là se trouve l'explication du faux adage qui prétend que le bétail est, dans une ferme, un mal nécessaire. En se bornant à empêcher une bête de mourir de faim, on dépense improductivement tout ce que coûte sa nourriture, et les bénéfices à en tirer ne commencent qu'au-delà de cette limite, pour suivre alors une marche progressive. C'est donc faute de l'avoir nourri assez pour en tirer tout le profit possible que la plupart de nos paysans ont à se plaindre de leur bétail. En moyenne, la ration d'entretien exige, par vingt-quatre heures et par chaque 100 kilogrammes de chair vivante, environ 2 kilogrammes de foin ou l'équivalent, d'où il suit que porter à 3 kilogrammes la ration alimentaire des animaux n'est à peu près que le strict nécessaire. Dans les cas d'engraissement, de travaux pénibles ou de rapide croissance, cette proportion serait encore insuffisante,

I. LES BÊTES DE TRAVAIL

et la nourriture devrait plutôt être laissée à l'entière discrétion de l'animal [11]. Quelle que soit d'ailleurs la quantité de nourriture servie aux animaux, ceux-ci ne seront bien entretenus que si cette nourriture leur est régulièrement distribuée : régulièrement quant aux heures, afin que les repas ne soient jamais attendus avec trop d'impatience, régulièrement quant au volume et aux quantités, afin que l'estomac, toujours satisfait, ne passe point par de pénibles alternatives de jeûne et de surcharge, régulièrement enfin quant aux qualités, pour que celles-ci restent bien conformes aux besoins particuliers de chaque bête. On adresse à ce sujet des tables comparatives de la valeur nutritive des divers aliments que peuvent consommer nos animaux domestiques. Pailles, grains, racines, fourrages et débris de diverses sortes, tout a passé par l'alambic, le creuset et la balance; tout a été scrupuleusement analysé, pesé et classé. Certes ces tableaux ont quelque importance; mais il ne faudrait pas en accepter les chiffres comme étant toujours d'une vérité aussi absolue que l'on serait tenté de le croire. La nature du terrain où les végétaux ont été cultivés, le degré de maturité, l'état de conservation, le mode de préparation qui leur est appliqué, sont autant de causes qui modifient la valeur nutritive des mêmes espèces, et c'est ce que prouvent surabondamment, en dehors de la pratique, les différences qui existent entre les appréciations des divers auteurs.

Dans tous ces tableaux comparatifs, le foin a été pris pour type. L'herbe des prairies naturelles, qui se composent, comme chacun le sait, d'une foule de plantes différentes, est en effet la nourriture normale de nos animaux domestiques. Les pailles des céréales et les fourrages secs que produisent nos prairies artificielles augmentent presque partout dans une mesure considérable la masse de provisions dont le cultivateur dispose pour son bétail. Que de progrès cependant restent encore à faire, et que de ressources utiles sont encore perdues! En général, il faut le reconnaître, on commence à mieux utiliser la plupart des résidus végétaux que produisent certaines industries, quoique tous les herbivores n'acceptent pas indistinctement ces divers résidus [12]; mais ce qui maintenant manque peut-être davantage à beaucoup de provinces, c'est la culture sur une plus large échelle des racines fourragères. Les racines aident à corriger l'alimentation trop sèche de l'hiver, et, soit servies directement aux bêtes, soit d'abord épuisées des éléments commerciaux qu'elles renferment, elles permettent de compter sur une énorme quantité de nourriture.

Pour bien satisfaire à tous les besoins du bétail, il faut lui composer ses repas de telle sorte que, sous un volume à peu près constant, mais avec des éléments variables, on obtienne une ration dont la richesse soit tout à la fois relative et proportionnelle aux services qu'on en veut obtenir. L'analyse chimique et la science vétérinaire disent comment, par diverses combinaisons que le prix des choses fait modifier selon les circonstances, on peut assurer à une bête la quantité d'azote, de corps gras, de phosphates et d'autres sels qui lui sont indispensables [13]. Ajoutons que la quantité de phosphates absorbés doit être d'autant plus considérable que l'animal est plus jeune [14], — que les transitions d'un régime à un autre doivent toujours être graduées, — que les aliments aqueux doivent être consommés avant qu'on ne fasse boire, — que les repas doivent commencer par des éléments de qualité moindre, et se terminer, après les morceaux *friands* pourrions-nous dire, par la paille, qui sert à l'animal à satisfaire son appétit, si celui-ci est encore véritablement excité. C'est de l'observation de ces règles très simples que dépend partout le bon entretien du bétail. Bien nourrir coûte quelque chose, nous l'avouons volontiers; mais mal nourrir coûte plus encore, puisque cette triste économie aboutit à l'insuccès et à la ruine.

On n'est pas entièrement d'accord sur l'utilité de certains artifices à l'aide desquels la nourriture du bétail serait parfois rendue plus appétissante ou plus profitable. Parmi ces procédés figure la coction : celle-ci, quand la ferme ne dispose pas d'une machine à vapeur affectée en même temps à un autre service, consomme des combustibles dont l'emploi coûte cher; d'ailleurs les soupes et les aliments chauds ne conviennent réellement bien qu'aux bêtes à l'engrais. Aussi cette méthode est-elle rarement adoptée. Quelques savants et quelques agriculteurs ont dernièrement affirmé qu'un mélange de pailles et de fourrages hachés avec des grains mécaniquement aplatis devait procurer dans l'entretien des animaux une économie réelle. D'autres ont prétendu que ce procédé devait donner au contraire une regrettable augmentation de main-d'œuvre et une moins bonne nourriture. Il nous paraît sage d'emprunter aux allégations des parties adverses ce qu'elles ont d'exact et de repousser ce qu'elles ont de trop absolu. La vérité est que l'on parvient quelquefois ainsi à faire manger par les animaux, sans autant de gaspillage, tout ce qu'on leur présente; mais ce mode d'alimentation les excite à boire davantage, et il en résulte pour les chevaux dont les allures doivent rester rapides une mollesse fâcheuse. Telle a été la cause pour laquelle la compagnie des petites voitures de Paris a dû finir par renoncer à ce système. Et puis n'est-il pas un peu à craindre que, les grains écrasés occupant plus de volume que les grains entiers, on ne s'en rapporte trop aux apparences, et qu'en somme on ne serve aux bêtes une ration de grains moins forte? Les choses étant ramenées, comme il est juste, à un poids exact des grains et des fourrages, on n'a pas toujours trouvé réels les avantages d'abord annoncés. Avec des animaux dont on néglige la force musculaire, et auxquels on ne demande qu'une production abondante de graisse et de lait, ces diverses préparations deviennent plus rationnelles. Les fourrages hachés, les grains aplatis, concassés ou réduits en farine, sont alors d'un emploi profitable, surtout quand on les mêle à des pulpes ou à d'autres matières qui contiennent déjà par elles-mêmes quelques principes nutritifs, et quand, par une fermentation régulière, on en augmente la digestibilité. C'est même ce que prouve avec évidence le développement pris en France, depuis plusieurs années, par les distilleries agricoles.

Une fois parvenue à ce degré d'industrie, l'agriculture est forcément conduite à s'occuper surtout d'engraissement, car les usines, avec les résidus desquelles on opère, ne travaillent pas toute l'année, et l'engraissement permet mieux que toute autre spéculation de proportionner l'effectif du bétail aux ressources dont on dispose. Il transforme, à vrai dire, les animaux en réservoirs où on emmagasine les fourrages et les grains aux moments d'abondance pour revendre ensuite avec profit, sous forme de viande, les provisions ainsi employées [15]. Il est donc, dans plusieurs situations économiques, impérieusement indiqué. L'engraissement à l'étable se nomme *engraissement de pouture* ; il exige plus de frais que l'engraissement à l'herbage, mais il donne une graisse plus fine et la produit plus promptement.

Des hommes compétents n'estiment pas à moins de 1,500,000

bêtes bovines adultes, 2,700,000 veaux, 6 millions de moutons et 4 millions de porcs l'immense tuerie que, dans l'état actuel des choses, nécessite la consommation française annuelle. Les marchés de Sceaux et de Poissy, qui alimentent Paris, avaient à eux seuls reçu en 1850 142,533 bœufs, 19,345 vaches, 51,996 veaux et 793,567 moutons. En 1860, on y a vendu 182,566 bœufs, 48,868 vaches, 53,794 veaux et 1,223,794 moutons. A ces masses déjà considérables, il faut ajouter les agneaux, les chevreaux, les viandes dites à la main [16], et les bêtes porcines, etc., qui fournissent également chaque année un gros contingent.

Le rapprochement de ces divers chiffres démontre combien les grandes villes laissent une faible part à la consommation des campagnes. Du reste, il est bien difficile, pour ne pas dire impossible, de constater dans celles-ci la quantité exacte de viande que consomment les hommes, et qu'à notre avis on doit supposer plus grande aujourd'hui qu'on ne le croit généralement. Quoi qu'il en soit, sous l'influence d'une consommation sans cesse croissante, le prix de la viande de bœuf, qui en 1850 valait 95 centimes le kilogramme au marché des Prouvaires, est monté en 1860 à 1 franc 24 centimes. L'augmentation considérable que signalent ces prix ne s'est pas produite à Paris seulement et pour la chair du bœuf; elle a eu lieu partout et pour toutes les viandes. On doit donc conclure, même en tenant compte des autres causes de renchérissement, que plus de bien-être matériel a heureusement pénétré dans la vie des populations, et que, contrairement aux sinistres prédictions des protectionnistes, les facilités accordées depuis un certain nombre d'années à l'introduction en France du bétail étranger n'ont pas nui le moins du monde à la vente du bétail français. En 1859, année dont les comptes sont les derniers que nous ayons sous les yeux, l'excédent de l'importation sur l'exportation n'a été que de 49,842 bêtes bovines adultes (les taureaux non compris), 25,482 veaux, 396,816 bêtes ovines et 111,386 bêtes porcines, ce qui, comparativement à notre consommation annuelle, est assez peu de chose. En effet, la chair des animaux, soit vivants, soit fraîchement tués, ne se transporte pas sans dépenses et sans accidents, et puis elle ne peut se produire ni partout ni très vite. Pour faire de la viande mangeable, il faut plusieurs années. Or les libertés que l'on accorde au commerce ne tardent pas à relever dans les pays voisins, où d'ailleurs les mêmes causes entraînent les mêmes conséquences, la valeur vénale du bétail; d'où il résulte que, les prix d'achat s'équilibrant bientôt dans les divers centres de production et les frais de transport augmentant avec la distance, il faut toujours en revenir à compter pour la plus forte part sur les ressources du pays même.

Nous ne voulons cependant pas prétendre, en parlant ainsi, que la masse énorme de bestiaux livrés chaque année à la boucherie soit encore en rapport avec les vrais besoins de toutes nos populations. La viande est nécessaire à la parfaite alimentation des hommes, et ni le lait ni le fromage n'introduisent dans leur nourriture une quantité assez forte de substances animales. Pour remédier au déficit que tout le monde signale, plusieurs écrivains ont dernièrement insisté sur l'emploi de la viande de cheval. On pourrait sans doute manger certains animaux dont actuellement nous n'employons pas la chair à notre nourriture; cependant il est difficile de modifier les usages alimentaires des populations. D'ailleurs nous usons, nous abusons même du cheval comme bête de travail jusqu'à son dernier jour. A part un très petit nombre d'animaux tués par accident en plein état d'embonpoint, quelle ressource alimentaire obtiendrait-on de notre population chevaline? — Des bêtes malades ou de vieilles rosses étiques, sur les os desquelles se trouveront encore quelques fibres coriaces. On ne peut guère, convenons-en, compter sur cela pour un approvisionnement de sérieuse importance, et nous persistons à croire qu'il a été fait à ce sujet plus de bruit qu'il n'était utile. Les bêtes bovines, ovines et porcines sont et resteront sans doute toujours chargées de subvenir à notre alimentation. Avant de les abattre, on les soumet d'ordinaire à un régime préparatoire, l'engraissement, qui a pour but d'augmenter la quantité et la qualité de leur chair. Toutes cependant ne sont pas également faciles à engraisser. Nous avons déjà signalé quelques-uns des signes auxquels on reconnaît les bêtes qui sont les plus aptes à bien prendre la graisse. Celles qui sont malades, trop jeunes ou trop vieilles, celles enfin qui ont les goûts dépravés coûtent presque toujours à engraisser plus cher qu'elles ne vaudront jamais. Il convient, pour que les résultats du traitement suivi laissent au cultivateur des bénéfices notables, que l'animal ait fini ou presque fini sa croissance, et ne subisse aucune influence qui s'oppose à la prompte assimilation des aliments. En général il faut préférer, dans les races ordinaires, pour l'espèce bovine, des bêtes de quatre ou cinq ans à huit ou dix au plus, pour l'espèce ovine des bêtes de trois à cinq ans, et pour l'espèce porcine celles de un an et demi à quatre ans. Conformément au proverbe selon lequel « qui dort dîne, » tout ce qui peut contribuer au calme moral et physique sert à hâter l'engraissement, par conséquent à le rendre plus économique. Le repos, l'obscurité, l'absence du bruit, la grande régularité des repas, l'abondance de la litière, la castration quand elle remonte à une époque assez éloignée, etc., aident donc à l'engraissement des animaux en apaisant tous leurs organes [17]. Pour la même raison, l'été à cause des insectes et des chaleurs excessives, l'hiver à cause des grands froids, ne sont pas des époques favorables. Afin de prédisposer les fibres des bêtes à une plus grande mollesse, on leur assure une chaleur modérée et légèrement humide; on débute par des boissons farineuses ou des fourrages verts, parfois on va jusqu'à les saigner, parfois on les panse à la main pour faciliter les fonctions de la peau. La propreté des auges, la fréquence des repas, la variété des aliments, l'emploi opportun des condiments qui peuvent exciter l'appétit et des substances qui contiennent une forte proportion de parties grasses, tels sont les moyens auxquels on a recours avec le plus d'avantage. Dans ces conditions, il faut, pour les bêtes bovines [18] de trois à quatre mois de préparation, pour les bêtes ovines de deux mois et demi à trois mois, et pour les bêtes porcines de trois à quatre mois au plus, suivant le degré de graisse auquel on veut parvenir. Il y a plus de profit à vendre un animal assez gras qu'à pousser jusqu'au *fin gras* et à plus forte raison jusqu'à cet embonpoint excessif que présentent nos animaux de concours. Ces derniers coûtent plus qu'ils ne rapportent; mais ils servent d'enseigne au producteur, de stimulant au zèle du public agricole, et le vrai service qu'ils rendent est de propager partout les bonnes méthodes d'engraissement, dont ils sont une sorte de démonstration vivante. Le degré utile de l'application reste ensuite abandonné au calcul de chacun, et cette considération nous amène à une autre partie de cette étude, dont l'action des règles générales sur les divers groupes d'animaux domestiques sera l'objet principal.

IV. — LE CHEVAL, L'ANE ET LE MULET.

Les chevaux sont certainement, de toutes nos bêtes domestiques, celles qui ont le moins bien conservé la pureté primitive de leurs races. Lorsqu'on ne voyait dans une même province que des bœufs de même famille ou des moutons de même origine, l'on rencontrait déjà partout des chevaux étrangers et des chevaux de sang mêlé, et cette tendance ne peut que se développer sous l'empire des faits économiques qui divisent de plus en plus nos animaux agricoles en *animaux de rente* et en *animaux de travail*. Tout en restant jusqu'au dernier jour cantonnées dans la même ferme, parfois renfermées dans la même étable, les bêtes de rente peuvent rendre au loin la plupart des services qu'on leur demande, et la nature de ces services varie singulièrement d'un pays à un autre. Il faut alors consacrer à chaque destination particulière une race différente dans laquelle on maintient soigneusement les caractères qui lui sont propres. Le cheval au contraire ne nous est utile que par sa force musculaire, dont l'emploi seul diffère selon les circonstances, et il en résulte nécessairement un peu plus de mélange entre les familles nombreuses que nous élevons.

Cependant la France possède encore plusieurs races de chevaux bien distinctes, car l'influence des localités s'exerce assez fortement et par le climat, et par la nourriture, et par le régime, pour que le sang étranger finisse toujours par se confondre dans le sang local, quand on ne cherche point à maintenir par un choix ou un renouvellement attentif les caractères qu'avaient d'abord introduits des étalons d'une autre famille. Le boulonnais, le breton, l'ardennais, le limousin, le landais, le Camargue (pour ne pas les citer tous), sont évidemment autant de bêtes différentes; mais quelques nuances légères dans les formes suffisent-elles pour constituer une race, et les conditions particulières de nourriture et d'élevage n'agissent-elles pas souvent avec la même force que l'atavisme sur la taille et sur certaines proportions de l'animal? Nous croyons (et nous pourrions à ce sujet invoquer des autorités compétentes) que l'on prétend en France avoir plus de races de chevaux qu'une saine critique ne devrait sans doute en admettre. Tout centre de production dit avoir sa race, ou du moins sa sous-race, à laquelle il donne son nom. Quant à nous, les familles les plus importantes sont les seules dont nous voulions faire figurer le nom dans le cadre de nos recherches. Les bêtes du nord auront alors pour type principal le cheval boulonnais; les bêtes de l'est seront représentées par le cheval lorrain, le cheval ardennais et le cheval comtois, les bêtes de l'ouest par le breton, le percheron, le normand et le poitevin, les bêtes du centre par le limousin; enfin le cheval navarrais et le cheval landais serviront d'exemple à nos bêtes du midi.

Si nos principales races se distinguent entre elles par des formes et des qualités particulières, elles diffèrent grandement aussi d'importance, pour peu qu'on regarde au nombre d'animaux qui les composent. Sous ce rapport comme sous plusieurs autres, le nord et par conséquent les races du nord l'emportent de beaucoup. Le Dauphiné, la Provence et le Languedoc sont en effet celles de nos anciennes provinces qui nourrissent le moins de chevaux ; la Normandie et la Bretagne, la Flandre, l'Artois, la Picardie et l'Ile-de-France sont certainement celles qui en possèdent le plus. Ici nous avons des bêtes de gros trait. Là des bêtes de trait moyen ou de trait léger, plus loin des bêtes de luxe, ailleurs des bêtes de selle. Quel est néanmoins, parmi toutes ces races, le genre de chevaux que notre agriculture doit élever de préférence? Il faut d'abord remarquer que l'on ne peut guère changer radicalement ce qui existe là où l'on se trouve. C'est ainsi que, pour ne citer que des extrêmes, on ne produira jamais dans les Landes ou dans le Limousin des limoniers comme ceux qu'on obtient dans le Boulonnais, ni dans le Boulonnais des chevaux de selle aussi fins que ceux de la Navarre. Cependant que disent les faits? Que celles de nos races indigènes qui se répandent le plus généralement et le plus loin de leurs lieux de production sont deux races de trait : la race percheronne, dont la marche se poursuit, surtout vers l'est et le nord-est, jusque sur nos frontières, pour les dépasser souvent, et faire dans ce long parcours concurrence aux autres familles françaises qu'elle rencontre, et la race bretonne, qui, elle, incline plutôt vers le sud et le sud-est, allant jusqu'aux Alpes et jusqu'aux Pyrénées rendre aux contrées qui l'importent les plus utiles services. Que disent encore les faits? Que les pays producteurs où l'on gagne le plus d'argent sont ceux où l'industrie chevaline s'exerce sur des animaux de trait de distinction moyenne. Cet état de choses ne doit étonner personne. L'amélioration générale des routes a fait renoncer à l'usage de la selle pour adopter la voiture, qui est en effet un mode de transport bien moins fatigant et bien plus commode, d'où il résulte qu'à part le haut luxe, dont les exigences sont coûteuses à satisfaire et les achats fort incertains, les producteurs de chevaux de selle n'ont plus que notre armée comme consommateur principal. Or la remonte, qui d'ailleurs se contente souvent de chevaux de trait un peu légers, et qui commence à employer un nombre de mulets beaucoup plus considérable, est elle-même d'un fonctionnement fort irrégulier. Craint-elle la guerre, vite elle achète tout ce qu'elle trouve, et elle fait venir du dehors tout ce qu'on peut importer. Revient-on à la paix, tout aussitôt elle cesse ses achats. Et puis qu'un cheval soit refusé par elle pour une raison ou pour une autre, quel acquéreur lui trouvera-t-on, et à quelles conditions faudra-t-il le laisser ? Faute de payer assez cher les animaux qu'on lui présente et d'en activer ainsi la production, faute surtout de consacrer chaque année à ses achats une somme à peu près fixe, la remonte de notre cavalerie éprouve parfois, dans les cas de guerre, des difficultés fort grandes, que nos agriculteurs peuvent déplorer comme Français, mais ne peuvent pas raisonnablement faire entrer en ligne de compte, quand il s'agit de la direction à donner à leur industrie [19]. Si nous exprimons aussi franchement notre manière de voir dans une telle question, à plus forte raison répugnerions-nous à conseiller l'élève des chevaux fins, l'élève des chevaux de sang. On ne citera pas beaucoup de cultivateurs proprement dits qui trouvent dans une semblable opération de bien gros avantages, et il paraît que les choses sont à l'étranger sous ce rapport ce qu'elles sont en France [20]. De tout temps, la France a fait venir du dehors un grand nombre de chevaux de selle et d'élégants attelages, tandis que les chevaux qu'elle exporte sont surtout des bêtes de trait [21]. Pour élargir le cercle des consommateurs auxquels peut être vendu le cheval que l'on élève, on aura donc souvent intérêt à modifier en vue du trait, tout en lui maintenant le plus de distinction possible, la bête qui, autrefois un peu légère, était plus particulièrement destinée au luxe ou à la selle.

La production du cheval de trait offre, dans un grand nombre de fermes, d'incontestables avantages. Les poulains, d'un caractère plus calme que les animaux de sang, se mêlent plus volontiers aux vaches et aux bœufs dans les pâtures où doit se passer leur première jeunesse; on les attelle de bonne heure, dès l'âge de dix-huit mois; ils sont moins exigeants pour leur nourriture. Enfin, lorsqu'une tare survient, ils restent, sinon aussi vendables, du moins encore bons pour le labour, auquel ils sont destinés. Voyez au contraire quelle mine fera dans toutes ces circonstances le cheval fin, le cheval de luxe. Il lui faut une nourriture plus choisie, plus riche en avoine, et plus de soins de toute sorte; il ne peut pas être attelé aussi jeune, et il travaille mal, par secousses, avec emportement; il se blesse donc plus souvent, il se tare, et dès lors, perdant presque toute la valeur qui devait compenser les frais énormes nécessités par son éducation, il reste un mauvais cheval de culture. Ni la charrue, ni le tombereau ne comportent en effet une énergie bouillante : le courage est utile là comme ailleurs, mais à la condition d'être tempéré par un peu de calme et servi par une masse musculaire assez grande. Dans les pays où se trouvent de nombreux accidents de terrain, on maintiendra les reins courts et les jarrets puissants; dans les pays de plaine, on allongera davantage le corps pour augmenter la vitesse; mais nulle part on n'oubliera que le vrai cheval de l'agriculture, c'est le cheval assez robuste pour travailler par tous les temps, dans tous les terrains et dans toutes les situations, en un mot le vigoureux cheval de trait moyen que la jument a porté dans ses flancs pendant qu'elle traînait la charrue, — qui vient lui-même de bonne heure aider aux travaux de la ferme, pour se préparer aux fatigues de la diligence ou du roulage, — qui peut au besoin ne pas trop déshonorer la voiture de maître à laquelle on l'attellera, — qui enfin, s'il survient quelque tare ou quelque blessure, peut encore tenir utilement et longtemps sa place dans une écurie plus modeste [22].

Cela prouve avec quelle réserve doit être introduit dans les veines de nos animaux de travail le sang énergique, mais exigeant du cheval de course. Celui-ci, avec sa belle taille et son tempérament nerveux, convient quelquefois à l'amélioration des races du nord et de l'ouest, de même que l'étalon arabe, dont la taille est plus petite, mais dont la résistance est plus grande, convient mieux aux races du midi. Ni l'un ni l'autre cependant ne seraient sans inconvénient, si l'on exagérait leur rôle. Comme tout le monde, nous aimons le spectacle émouvant d'une lutte ardente entre de généreux animaux; mais nous déplorons les habitudes de maquignonnage et les passions de jeu que développent trop souvent ces concours, et nous ne croyons pas qu'une rapidité exceptionnelle, rapidité due parfois à des formes spécialement disgracieuses, à une jeunesse qu'use bien vite le régime des courses, et à une excessive irritabilité nerveuse, soit le véritable critérium de la valeur d'un cheval. Une course moins rapide, mais plus longue, sous une charge plus lourde, indiquerait mieux de solides et utiles qualités. Le galop d'ailleurs, si apprécié par l'Arabe fuyant dans le désert les poursuites de son ennemi, n'a qu'un intérêt très médiocre pour les hommes d'une société civilisée; le trot et le pas, qui permettent un travail plus fréquent et surtout plus prolongé, constituent des allures bien autrement importantes. Des bêtes à trot rapide et soutenu comme les *trotteurs* de Russie et de Hollande, des bêtes exécutant à pas allongé un labour pénible exciteraient moins, il faut en convenir, la curiosité du public. Quant à nous, qui préférons les choses utiles aux vaines pompes du spectacle, nous regrettons vivement les errements que suivent depuis trop longtemps à ce sujet beaucoup d'hommes de cheval [23].

On peut faire saillir la jument à trois ans; cependant, pour la moins fatiguer, il vaut mieux attendre l'âge de quatre ans. Onze mois après, elle donne son poulain. Pour produire des poulains avec avantage, il faut de l'herbe et un peu de liberté. *La rosée refait les poulains*, dit-on dans plusieurs pays. Ce n'est point la rosée qui leur fait du bien, c'est l'exercice et la nourriture variée qu'ils trouvent à l'herbage. Aussi fait-on naître beaucoup de chevaux dans les contrées où se trouvent des pâturages convenables. De sept à huit mois, le sevrage commence, et il précède ordinairement, quoiqu'il dût la suivre, l'époque de la castration, après laquelle vient une dernière période, celle du travail, qui ne doit plus finir qu'avec l'animal même [24]. Quoi qu'il en soit, entre le sevrage et le travail s'écoulent quelques mois, pendant lesquels l'avenir du jeune animal est pour ainsi dire en question. Les animaux, comme les hommes, empruntent leurs qualités ou leurs défauts à l'éducation reçue autant qu'aux tendances natives. Le jeune animal est-il traité trop brutalement ou avec trop d'indulgence, on n'aura ensuite qu'une bête rétive, capricieuse, mal dressée. Le nourrit-on médiocrement, son développement en souffre. L'attelle-t-on avec des bœufs ou avec des chevaux d'une allure mal assortie à la sienne, on fausse ses articulations, et par conséquent on diminue sa valeur future. Dans les plaines de Caen comme en Beauce, partout enfin où l'élevage est concentré entre les mains d'hommes qui aiment les chevaux et trouvent sur la ferme de quoi subvenir largement à tous les besoins du poulain, celui-ci prend chaque année plus de force et plus de prix. Il y aurait tout un volume, amusant dans les détails, mais fort triste au point de vue moral, à écrire sur les ruses impossibles auxquelles les maquignons ont si souvent recours pour voler leurs acheteurs. La toilette des poils artistement collés sur la blessure qu'ils cachent, celle des queues artificielles, ne sont sans doute pas pratiquées par tout le monde ; mais combien d'hommes cherchent, par des moyens que ne peut approuver la loyauté, à relever la valeur de leurs bêtes ! On travaille donc souvent à donner aux animaux que l'on veut vendre des dehors trompeurs et à rapprocher autant que possible les apparences de l'âge de cinq ans, car à cet âge, nous l'avons déjà dit, le cheval atteint avec sa pleine vigueur son prix marchand le plus élevé.

Les maladies graves qui peuvent frapper particulièrement les chevaux dans une exploitation rurale sont, outre la fluxion périodique des yeux, dont le midi de la France n'a pas beaucoup à se plaindre, la pousse et les coliques rouges. Celles-ci constituent de véritables entérites, dont malheureusement la marche est parfois très rapide. Les atteintes de la pousse sont plus lentes, mais non moins cruelles. On attribue ordinairement ces terribles affections, et la morve elle-même, à une nourriture mauvaise, dont l'action funeste se complique d'excès de fatigue et de soins insuffisants. Dans bien des écuries en effet, la pousse semble résulter de l'emploi trop exclusif que presque tous nos paysans font du foin pour l'alimentation de leurs attelages. Plusieurs personnes ont prôné l'acide arsénieux comme assurant la guérison de cette dernière maladie, mais les cultivateurs auront raison de ne compter sur aucun spécifique et de s'appliquer surtout à prévenir l'invasion du mal. C'est le perfectionnement des moyens préventifs, c'est-à-dire un meilleur système de ferrure, qui a fait disparaître certaines maladies de pied dont la fréquence était autrefois si regrettable [25]. C'est également la mise en pratique de tous les soins recommandés par l'hygiène qui agira le plus efficacement sur la santé des animaux. On doit donc vivement regretter que les principes de la science ne soient pas plus répandus dans les campagnes, et que le nombre de nos écoles vétérinaires reste tellement inférieur aux besoins du pays. Toutefois il faut reconnaître, en ce qui concerne la pousse, qu'une habitude impossible peut-être à détruire, l'emploi comme poulinières des juments poussives, contribue largement à infuser le principe du mal dans le sang de nos bêtes chevalines. Tous les cultivateurs des pays d'élève cherchent à compenser ainsi par avance la perte que doit plus tard occasionner la jument malade. Il est bien difficile d'empêcher cette spéculation dernière sur une bête dont on prévoit la fin. Cependant on a lieu de s'étonner que les haras impériaux ne se montrent pas plus sévères à cet égard. Ils admettent à la saillie de leurs étalons les juments évidemment poussives qu'on leur amène tout comme celles dont les organes respiratoires sont en parfait état, et cependant plus tard l'état achètera pour sa cavalerie une partie des chevaux qui proviennent de ces regrettables accouplements!

On demandera peut-être enfin ce que devient dans sa vieillesse extrême le cheval d'agriculture. Les bêtes bovines et ovines ont l'abattoir pour dernière étape, et elles s'y rendent avant qu'arrive la vieillesse proprement dite, car leur valeur comme bêtes de boucherie perdrait à attendre aussi tard. Quant au cheval, dont on abuse trop souvent au point de le faire vieillir avant l'âge, on le laisse sous le harnais aussi longtemps que possible. Presque jamais le clos d'équarrissage ne s'ouvre pour lui sans avoir été comme annoncé par de cruelles épreuves. L'homme, dont la fièvre des temps modernes abrège les jours, ne laisse ni vieillir les bêtes qu'il peut avoir intérêt à tuer jeunes, ni se reposer et mourir tranquilles celles dont il utilise l'énergie à son service.

La population chevaline de la France dépasse sans doute le chiffre de 3 millions de têtes; sa population asine ne s'élève pas à 500,000, et nos échanges avec l'étranger se bornent, pour les animaux de cette dernière espèce, à des chiffres également assez faibles. De 1827 à 1856, nous avons exporté 29,330 ânes seulement, et nous en avons importé 40,860. La Provence, certaines parties du Languedoc, de la Guienne et de la Gascogne, le Béarn, le Roussillon, utilisent beaucoup de bêtes asines. L'Ile-de-France et ses environs entretiennent aussi une quantité considérable d'ânes qui rendent d'inappréciables services aux habitants de ces laborieuses contrées.

C'est même là que l'on en pourrait sans doute compter le plus grand nombre. Chez les propriétaires de certains pays viticoles, mais non point partout, l'emploi de l'âne est rendu commun par la nature des travaux que la vigne exige et par la situation des terrains qu'elle occupe. Dans nos villes enfin, l'humble animal traîne la voiture que nécessite l'exercice d'une modeste industrie, et sa femelle, qui sert déjà de laitière à certaines contrées du midi, fournit aux malades assez riches pour le payer un lait que l'on dit n'être pas sans vertu. Quant au nord-est, dont le climat est si rude, quant à la Bretagne, dont certains chevaux sont si petits que leur nourriture ne coûte guère plus que celle des ânes, ils ne possèdent que très peu de ces animaux.

L'étonnante sobriété de l'âne et la vigueur de sa santé, dès qu'il a échappé aux mauvaises influences que le froid exerce sur lui pendant sa jeunesse, le destinaient tout spécialement à devenir la bête du pauvre. Plusieurs causes ont également contribué à faire reléguer ce précieux serviteur au dernier rang de nos écuries : son manque d'élégance, son cri discordant, le préjugé populaire, enfin la tendance fâcheuse que nous avons toujours à mépriser ce qui est patient et à abuser de ce qui est bon. Il ne faut donc point s'étonner si, privé des soins qui auraient pu l'améliorer et ne trouvant guère en France la chaleur qu'il aime et dont jouit sa patrie primitive, l'âne des races vulgaires reste chez nous un animal de beaucoup inférieur à l'âne de l'Orient. Ce n'est que dans les provinces où la production des mulets lui donne une grande valeur que nous voyons l'âne parvenir à une taille élevée. Le Poitou et la race asine du Poitou sont encore, chez nous, le pays mulassier et la race mulassière par excellence. C'est là que se trouvent les plus beaux animaux. Les mâles de prix y sont toujours ceux que recouvre le poil le plus abondant. Pendant notre dernière exposition d'animaux reproducteurs, le public étonné s'arrêtait avec une curiosité soutenue devant les stalles de ces gros étalons qui, velus comme des ours, semblaient, par le mauvais état de leurs jambes crevassées et la saleté de leur robe, vouloir protester contre l'excessive coquetterie de leurs voisins. Eh bien! ces bêtes si laides en apparence, que plus de soins et un peu plus d'exercice rendraient encore meilleures et mieux portantes, représentaient l'élite de nos ânes du Poitou, les pères de ces mules gracieuses que viennent chaque année nous acheter si cher tant de pays lointains. Peu d'hommes se doutaient, avant cette exposition, qu'une telle valeur pût se cacher sous de tels dehors, et qu'un baudet pareil se payât depuis 2,000 jusqu'à 10,000 francs.

L'âne est apte à la reproduction dès sa troisième année, et il conserve sa puissance jusqu'à l'âge de quinze ou seize ans, mais il est moins sûrement prolifique que le cheval. L'ânesse porte son petit plus longtemps que la jument, de onze à douze mois, et elle n'est pas aussi facilement féconde; enfin elle donne bien plus souvent le jour à des femelles qu'à des mâles. Toutes ces circonstances, réunies à la délicatesse assez grande de l'ânon, expliquent donc le haut prix que conservent les ânes de choix dans les pays mulassiers.

L'industrie de l'homme ne se contente pas de ces deux auxiliaires. Entre l'âne et le cheval, elle conserve un intermédiaire, le mulet, dont la force plus développée que celle de l'âne, dont la sobriété et la vigueur de constitution, plus grandes que celles du cheval, sembleraient à première vue devoir multiplier considérablement l'emploi. On ne suppose pourtant pas qu'il existe en France plus de 350,000 mulets. Non-seulement les mulets sont moins nombreux que les ânes, mais encore ils sont plus irrégulièrement dispersés sur la surface du pays. Ils se trouvent agglomérés tout spécialement dans quelques-uns de nos départements du sud et dans la petite région de l'ouest qui s'occupe le plus particulièrement de les produire. Dans les écuries du nord de la France, ils ne constituent au contraire qu'une très rare exception.

Les précieuses qualités du mulet sont incontestables. Il est sobre, robuste, il a le pied sûr, il est, pour le service du bât, supérieur au cheval, et il dure longtemps. C'est donc bien la bête des pays de montagnes un peu arides et aussi la bête du midi, où il résiste au chaud mieux que ne le fait le cheval, tout en se contentant d'une nourriture médiocre. C'est encore la bête qu'emploie presque toujours de préférence le petit meunier de campagne, lorsque, assis sur le sac dont est chargée sa monture, calculant d'avance les fraudes qui lui permettront de faire plus grosse que ne le préciserait une conscience délicate la part à laquelle il a droit, et trompant par le bruit de son fouet et le refrain de ses chansons la solitude des longs chemins, il va de chaumière en chaumière chercher les grains qu'on lui confie et rapporter les farines qu'il confectionne.

Toutefois le mulet a ses défauts; qui n'a pas les siens? Il est entêté et vindicatif; comme l'âne, il souffre des mauvais temps, de la pluie et des brouillards; aussi le nord, qui d'ailleurs élève beaucoup de chevaux, n'adopte-t-il pas le mulet.

La mule, quoique moins forte que le mulet, se vend plus cher; la faveur dont elle jouit doit être attribuée à son caractère, qui est plus doux, et à sa santé, qui est meilleure. « Pour moi, écrivait Jacques Bujault, quand j'ai deux belles mules à ma charrue, j'ai soixante ans de moins, et suis le paysan le plus glorieux de la terre. » Grâce à la taille et à la race de l'âne, grâce surtout aux qualités spéciales que l'ancienneté des accouplements avec la race asine a infusées dans le sang des bêtes chevalines du pays, c'est dans le Haut-Poitou que l'on obtient les produits les plus beaux et les plus estimés. Dans les montagnes du centre de la France, les mulets sont agiles et légers; dans les Pyrénées, ils sont grands et minces; mais dans les autres contrées où l'on en fait naître, même dans les provinces de l'est, où cette industrie devient un peu plus active qu'autrefois, leur physionomie manque en général d'un caractère constant, parce que les parents employés à cette production sont eux-mêmes empruntés à trop de familles différentes, sans se préoccuper assez de compenser chez la jument, par des proportions contraires, la croupe et le poitrail étroits, la tête grosse et l'encolure courte qui distinguent l'âne. Entreprise ainsi au hasard, souvent avec des juments de rebut, toujours avec des bêtes qui n'ont point reçu de leurs ancêtres une prédisposition particulière, la façon du mulet ne peut ni se réaliser aussi fréquemment ni fournir à l'éleveur d'aussi bons animaux.

Comme le muleton croît vite, s'élève facilement et travaille jeune, dès l'âge de dix-huit mois, il est naturel que son producteur le garde plus longtemps que les producteurs de chevaux ne gardent leurs poulains. Le Poitou ne vend donc guère ses muletons avant un an au plus tôt, et encore en conserve-t-il un tiers jusqu'à un âge plus avancé, de deux à cinq ans. Cependant l'élevage des jeunes mulets commence à se répandre dans certaines parties de la Guienne, du Languedoc et du Dauphiné, et cette heureuse combinaison profite également aux pays producteurs, qui peuvent ainsi faire naître davantage, et aux pays éleveurs, qui retirent de leurs soins un important bénéfice. De 1827 à 1856, nous n'avons importé

I. LES BÊTES DE TRAVAIL

en France que 20,450 mulets, venus pour la plupart des états sardes, et nous en avons exporté 476,230, qui nous ont été achetés principalement par l'Espagne, et en moindre nombre par nos propres colonies. Outre les acheteurs étrangers, l'administration de la guerre pour son train d'artillerie et le service de l'Algérie, la France elle-même pour les besoins de son roulage et de son agriculture dans plusieurs provinces, semblent assurer à nos mules un débouché de plus en plus avantageux.

Quand on intervertit les rôles et que l'on marie une ânesse à un cheval, l'hybride obtenu se nomme bardot. Ce nouvel animal est ordinairement plus robuste que le mulet, mais sa conformation est moins régulière. Le bardot est assez souvent une bête mal faite et *décousue*. On le demande peu; aussi le fait-on naître rarement. Les cultivateurs n'ont guère à s'en préoccuper, et nous ne leur conseillerions pas de se livrer à des tentatives ou à des expériences qui pourraient leur devenir fort inutilement onéreuses.

Tels sont les animaux que l'agriculture destine surtout à l'accomplissement de ses rudes travaux. Néanmoins il est encore un herbivore, le bœuf, que l'homme utilise alternativement et comme bête de travail et comme bête de rente. Nous sommes loin d'oublier, après l'avoir déjà signalée, la part considérable que le bœuf prend au labour de nos champs ; mais comme ce dernier auxiliaire Unit toujours par se transformer en bête de boucherie, il ne peut guère être séparé du *bétail de rente*, et il a sa place marquée à la tête d'un groupe d'animaux domestiques bien digne d'être étudié à part.

NOTES

1. En effet, la jument qui laboure et qu'on fait pouliner est en même temps bête de travail et bête de rente; le bœuf est tantôt bête de travail et tantôt bête de rente, selon sa destination ; la vache et le mouton sont bêtes de rente quand on les conserve plusieurs années en vue du lait ou de la laine, et ils deviennent bêtes de spéculation ou de profit quand on se borne à les acheter pour les engraisser et les revendre, etc.

2. Voyez à ce sujet l'intéressant travail de M. J. Clavé, la Vie animale dans les forêts de la France, dans la Revue du 15 août

1861, et le rapport fait au sénat le 25 juin 1861 par M. Bonjean.

3. Toutes les fois que dans ce travail nous citons la France, nous entendons ne parler que de nos quatre-vingt-six anciens départements. Faute de renseignements assez précis sur les pays récemment annexés, nous avons préféré ne point parler d'eux. M. M. Block, dans la collection de documents que réunit son livre sur les Charges de l'agriculture, calcule à raison de 80 têtes de gros bétail par 100 hectares de terres cultivées, et à 556 têtes par 1,000 habitants, la proportion d'animaux agricoles que nous possédons. D'après le même auteur, cette proportion serait :

En Angleterre,	de 80 têtes pour 100 hectares	et de 528 par 1,000 habitants.
Bade,	de 84 — —	484 —
Bavière,	de 64 — —	737 —
Belgique,	de 98 — —	400 —
Prusse,	de 39 — —	413 —

Le bétail anglais et belge est généralement meilleur que le nôtre. Le bétail bavarois et prussien est au contraire d'un mérite inférieur. C'est avec le bétail badois que le nôtre a le plus d'analogie, comme valeur et comme poids des animaux qui le composent.

4. Le plus mauvais mode d'attelage, mais le plus économique, c'est le joug double qui, en rivant l'un à l'autre deux animaux dont la taille, la force et les allures sont souvent différentes, nuit au travail et parfois à la santé des deux bœufs. On devrait n'employer que le joug simple ou le collier.

5. On dit qu'une vache est amoyante ou amouillante quand elle doit bientôt vêler.

6. Voyez à ce sujet, dans le n° du 20 novembre 1861 du Journal d'Agriculture pratique, un article de M. Gayot.

7. C'est-à-dire à pelage relevé de raies brunes irrégulières.

8. Félix Villeroy, Manuel de l'Éleveur de chevaux.

9. Voyez à ce sujet dans la Revue les travaux de M. A. de

Quatrefages sur l'Histoire naturelle de l'homme et le Croisement des groupes humains.

10. S'il était permis, en parlant d'animaux domestiques, d'invoquer des exemples pris jusque chez l'homme, nous engagerions nos lecteurs à se rappeler le nombre de familles dans lesquelles ils ont vu des mariages consanguins entraîner après eux d'aussi tristes résultats.

11. Chez les vaches toutefois, une telle abondance aurait pour résultat de faire tarir le lait en activant trop leur embonpoint.

12. C'est ainsi que les tourteaux qui proviennent des huileries sont, quand on a employé la faine, dangereux pour les chevaux, et quand on a employé le chènevis, mauvais pour toutes nos bêtes domestiques.

13. Les 3 kilogrammes de nourriture donnés à chaque 100 kilog. de chair vivante doivent contenir environ 30 grammes d'azote, 100 grammes de corps gras et 11 grammes d'acide phosphorique.

14. Parce qu'alors il en a un besoin plus impérieux pour construire sa charpente osseuse.

15. En moyenne 100 kilog. de foin ou l'équivalent produisent 5 kilog. de viande.

16. Les viandes à la main, c'est-à-dire celles qui proviennent d'animaux expédiés à Paris après l'abatage, et que l'on y vend à la criée sur des marchés spéciaux, ont atteint à elles seules, pendant la première quinzaine de décembre 1861, le chiffre de 623,943 kilog., et cette quinzaine-là n'est pas une des plus chargées.

17. On a même quelquefois aveuglé des animaux ; en tout cas, on les isole autant que possible, et l'on cite quelques bons résultats obtenus par l'emploi de certains narcotiques.

18. Est-il nécessaire de dire que l'on a eu bien raison de finir par admettre les vaches à nos concours d'animaux de boucherie, puisqu'elles figurent si souvent dans nos abattoirs, et que nous les mangeons avec plaisir lorsqu'on nous les vend sous le nom de bœuf ? La vache est préférée dans certains pays, et quand on l'engraisse à un âge convenable, elle est aussi bonne que le bœuf. Le mouton est d'ordinaire meilleur que la brebis, parce que celle-ci a

porté un certain nombre de petits avant d'être abattue, tandis que le mouton n'a été fatigué par aucun travail; mais entre la vache qu'on n'a pas épuisée par des parts trop fréquens et le bœuf qu'on n'a pas surchargé trop long-temps de pénibles travaux la distinction, à même degré d'âge, de santé, d'engraissement, serait tout à fait impossible. La vache passe d'ailleurs pour s'engraisser un peu plus facilement que le bœuf.

19.   Voici ce que nous lisons dans le Compte-Rendu pour 1861 de l'administration des haras : « Agissant forcément sur la tête de la production comme sur l'ensemble pour satisfaire aux exigences de son effectif, la remonte a contribué à éloigner le commerce de nos marchés, sans offrir à l'éleveur un juste dédommagement. En effet, la remonte, obligée de se renfermer dans des prix nécessairement modérés, ne pouvait suppléer à l'absence du commerce et à l'émulation qui résulte de la concurrence. Si, en temps de paix, elle a trouvé des ressources à peu près suffisantes pour fournir aux besoins de la cavalerie et de la gendarmerie, aujourd'hui comme en 1854 et en 1859 elle retomberait dans les mêmes embarras, si on devait passer du pied de paix au pied de guerre. »

20.   Manuel de l'Eleveur de chevaux, par Félix Villeroy, t. Ier, p. 258 et suivantes.

21.   Le mouvement du commerce des chevaux éprouve en France une tendance prononcée à se diriger du nord vers le midi. C'est par les frontières belges que se fait l'importation la plus active; c'est vers l'Espagne et vers les états sardes que se dirige la plus grande partie de nos exportations. De 1827 à 1856 inclusivement, nous avons importé 28,140 chevaux entiers, 459,590 chevaux hongres et juments, 119,310 poulains, ensemble 607,040 bêtes chevalines. Pendant la même période, nous avons exporté 5,010 chevaux entiers, 127,670 chevaux hongres et juments, 23,670 poulains, ensemble 150,350 têtes seulement.

22.   La nouvelle administration des haras nous semble obéir à de meilleurs principes, sous certains rapports, que sa devancière. Cependant elle vient de réduire au chiffre de 80 les 240 chevaux de trait qui figuraient dans l'effectif précédent. Si « sa mission est de s'occuper, partout où les espèces se prêtent à la transformation, de faire produire, par le croisement bien entendu, le plus grand

nombre possible des chevaux qui nous manquent pour le luxe et la cavalerie, » — ce qui, nous l'avouons, ne nous semble pas répondre suffisamment à tous les vrais besoins du pays, — l'administration a parfaitement raison de remplacer par des anglo-normands ou par des anglais les étalons de gros trait qu'elle supprime; mais nous n'admettons pas que des chevaux ayant du sang anglais en proportion notable soient de bons laboureurs, et puissent être partout d'un élevage lucratif.

23. La Revue a publié, dans son n° du 15 novembre 1861, une excellente étude de M. Alphonse Esquiros sur les Courses de chevaux en Angleterre. Nous en recommandons les détails à l'attention de nos lecteurs, et nous ajouterons, avec le Compte-Rendu de l'administration des haras pour l'année 1861 : « Pendant qu'on proclamait si haut l'importance et l'extension des courses pour les chevaux de race pure comme le critérium des reproducteurs, on déshéritait leurs dérivés, — les étalons et les chevaux de demi-sang, — des courses au trot, des steeple-chases et des épreuves. Aussi, à partir de cette époque, l'amélioration est-elle restée stationnaire. »

24. C'est avant l'époque du sevrage que la castration devrait toujours avoir lieu; mais on la retarde jusqu'à deux ans quand l'avant-main et l'encolure du jeune mâle n'ont pas assez d'ampleur. Dans les provinces où les juments poulinières exécutent tous les travaux de la ferme, il arrive souvent qu'on vende les poulains au moment du sevrage, après les avoir mis en bel état avec des farines ou avec du seigle cuit. Un autre spéculateur, qui souvent même habite une autre province, succède alors au premier maître du jeune animal. Ce nouveau-venu, qui est véritablement l'éleveur, garde le poulain pendant quelques mois sans lui imposer aucune contrainte, puis il l'habitue peu à peu à porter des harnais, et chaque jour en exige davantage.

25. Il y aurait injustice à taire que ce bienfait est en grande partie dû à l'influence de l'école de maréchalerie de Saumur, qui, en formant des maréchaux pour l'armée, est ainsi devenue pour nos campagnes une pépinière de bons ouvriers.

II. LES BÊTES DE RENTE. — L'ACCLIMATATION DES ESPÈCES NOUVELLES.

Tout le monde connaît la distinction théorique établie par les agronomes entre les *bêtes de travail* et les *bêtes de rente*. Cette distinction, nous l'avons rappelée au début de cette étude [1], et, quoique la trouvant quelquefois peu exacte [2], nous avons cru devoir la maintenir comme plus conforme aux habitudes du langage agricole. En tête du groupe qui doit nous occuper aujourd'hui se rencontre une espèce singulièrement intéressante, qui remplit à la fois dans nos fermes deux rôles très distincts. Se faisant tantôt les laborieux auxiliaires de nos labours, tantôt les tranquilles producteurs de la viande et du lait qu'exige notre alimentation, les animaux de l'espèce bovine servent de transition toute naturelle entre les deux parties de cette étude. C'est bien d'eux par conséquent qu'il convient de parler tout d'abord.

I. — L'ESPÈCE BOVINE.

Le bœuf a toujours été considéré comme l'emblème par excellence de l'agriculture. Force, viande, lait, fumier, corne, cuir, etc., l'espèce bovine nous fournit tout cela beaucoup plus abondamment qu'aucune autre espèce d'animaux. Il est donc à regretter que la population bovine de la France ne dépasse pas le chiffre de douze millions de têtes. La Bretagne et l'Auvergne, ces centres d'active reproduction, en comptent le plus grand nombre. Viennent ensuite l'Anjou, le Maine, le Poitou et la Flandre, c'est-à-dire les pays où la pratique de l'engraissement des bêtes bovines s'est le mieux développée. La Normandie elle-même, malgré l'extrême importance que l'agriculture y a donnée à la production du lait, ne figure (proportionnellement à son étendue) qu'après toutes ces provinces.

La diversité des services que rend l'espèce bovine contribue puissamment à maintenir les différences souvent profondes qui caractérisent les nombreuses races dont elle se compose. Tantôt c'est la rusticité que l'on demande en vue du travail, tantôt au contraire on se préoccupe surtout de la plus ou moins grande aptitude de l'animal à l'engraissement; dans certains pays enfin,

II. LES BÊTES DE RENTE. — L'ACCLIMATATION DES ESPÈCES NOUVELLES.

l'industrie principale s'exerçant sur le lait, tout est sacrifié à cette production. Le même animal ne peut exceller au même degré, et surtout dans le même temps, comme bête de travail, comme bête lainière et comme bête de boucherie; mais, tout en conservant les caractères propres d'une race, il serait possible de corriger, dans une certaine mesure, les défauts qui la déprécient. M. Magne a donc pu dire avec raison : « Lorsque nos races bovines auront acquis toute la perfection qu'elles sont susceptibles d'acquérir, il suffira d'élever convenablement les veaux et les velles pour les rendre aptes, ou adonner du lait, ou à s'engraisser, ou à travailler [3]. »

Une juste proportion des diverses parties du corps et un entier développement des organes essentiels à la vie étant en effet, dans tous les cas, également indispensables, tout animal bien conformé, quelle que soit sa destination, doit présenter un certain nombre de caractères anatomiques semblables. Qu'il s'agisse de force, de lait ou de viande, la question n'aboutit-elle pas toujours à un bon emploi par l'animal des fourrages qu'on lui donne, c'est-à-dire à une bonne constitution?

L'âge des bêtes bovines peut se reconnaître à leurs cornes; mais, ce signe pouvant s'altérer par le frottement et par d'autres causes, on consulte plutôt leurs dents [4], comme on le fait pour les chevaux. C'est à l'âge de deux ans, aussitôt que les cornes sont assez longues pour recevoir le joug, que l'on commence à faire travailler les bœufs. Pendant longtemps on ne s'était guère inquiété en France que du travail et du lait. Aujourd'hui l'importance toujours croissante de la boucherie a introduit dans l'administration des étables un troisième élément dont il faut désormais tenir compte. Il est facile de comprendre que l'entretien d'une bête très précoce, qui utilise de bonne heure à la production de la viande presque toute la nourriture qu'on lui donne, soit profitable à l'engraisseur. Cependant, comme ce dernier fait rarement naître tous les animaux sur lesquels il opère, on conçoit que les intérêts de l'éleveur interviennent ici puissamment, et ces intérêts semblent un peu trop oubliés par beaucoup d'agronomes. La valeur vénale des veaux et des bœufs restera toujours tellement inférieure à celle des poulains et des chevaux, que l'on ne peut pas consentir, dans l'éducation des premiers, aux sacrifices qu'exige l'éducation des seconds. Il n'y a d'exception à cette règle que lorsqu'il s'agit d'individus destinés à servir de reproducteurs, soit qu'appartenant à une race commune ils possèdent une beauté rare, soit qu'ils sortent d'une race encore peu répandue et vivement recherchée. D'ailleurs les bêtes d'un engraissement précoce sont toujours assez exigeantes ; elles ne deviennent véritablement ce qu'elles doivent être que si l'on en a développé dès l'enfance les qualités natives par une nourriture abondante et par des soins assidus. Dans la plupart des contrées d'élève, il y a donc avantage à s'en tenir à des races quelque peu rustiques, se contentant d'une nourriture médiocre, et compensant par plusieurs années de bon travail une moindre férocité. En analysant ainsi les conditions qui règlent l'économie de notre agriculture, on peut même dire que l'abondance et le bon marché de la viande dépendent plus encore de la quantité que de la précocité des animaux entretenus en France, car les races précoces ne sont pas admissibles partout, tandis qu'un très grand nombre d'exploitations parviendraient, avec de meilleurs procédés de culture, à nourrir une masse de bétail bien plus considérable.

L'entretien des vaches laitières constitue parfois une industrie spéciale qui est obligée, comme l'industrie de l'engraissement, de demander à d'autres contrées une grande partie des animaux dont elle s'occupe. Cela se passe du moins ainsi dans nos montagnes du nord-est; à la race du pays (race comtoise), nos fromagers adjoignent pendant l'été beaucoup de vaches tirées de la Suisse, tandis qu'ils vendent leurs propres bœufs aux cultivateurs du nord-ouest [5]. Et ce n'est pas là un fait isolé. Tout en choisissant de préférence les taureaux dans la race flamande, l'Ile-de-France demande à la Normandie un grand nombre de vaches dont les qualités laitières sont également bonnes. Plusieurs parties du midi et du centre s'approvisionnent en Bretagne, parce que les bêtes de cette province n'ont pas été élevées dans des conditions qui les empêchent de réussir sur des terres peu fourragères. La race pyrénéenne de Saint-Girons et de Lourdes et la race bordelaise fournissent des vaches laitières au sud-ouest. C'est enfin dans la Bresse, le Cantal et la Franche-Comté que le sud-est opère ses achats.

Comme bête laitière, la vache cotentine doit être mise sans contredit au premier rang; puis vient la flamande, après laquelle la vache bretonne, la vache de Saint-Girons et quelques autres méritent

II. LES BÊTES DE RENTE. — L'ACCLIMATATION DES ESPÈCES NOUVELLES.

encore d'être citées. Cependant il s'en faut que ces différentes bêtes fassent des aliments consommés un emploi également bon. Par exemple, la bretonne, si sobre dans les pays pauvres, devient dans les riches herbages une forte mangeuse, sans que le rendement en lait augmente en proportion du surcroît de nourriture. Certains caractères permettent heureusement d'apprécier par avance d'une façon assez exacte l'aptitude des vaches à devenir bonnes laitières. On doit se rappeler le bruit que fit à ce propos, il y a plusieurs années, le système Guenon. Quoi qu'il en soit de la valeur réelle de ce système ou de tout autre, on risquerait souvent de se tromper, si l'on s'en rapportait exclusivement à un signe unique Les meilleures vaches ne sont d'ailleurs pas toujours les plus belles. Leur train postérieur, développé par la puissance des organes qui sécrètent le lait, cesse d'être en équilibre avec leur avant-train, qui reste trop étroit. Amaigries en outre par l'excessive activité de leur mamelle, elles cachent souvent sous de médiocres apparences des qualités de premier ordre. De cinq à dix ans, la vache est en pleine valeur, ensuite elle commence à devenir moins généreuse. La quantité de lait qu'on en obtient après le premier vêlage est toujours beaucoup plus faible qu'après les vêlages suivants, mais elle présage un peu ce que sera l'avenir; aussi les éleveurs prudents conservent-ils pour les essayer les jeunes velles qui paraissent promettre un bon rendement. Comme les bêtes de boucherie que l'on veut engraisser de bonne heure, il est bon que les vaches laitières soient issues d'un taureau encore jeune. L'influence du taureau sur les facultés laitières de ses produits tient du reste en général aux traditions d? famille, et ce genre de qualités se manifeste chez lui par des caractères extérieurs analogues à ceux que présente la vache.

On peut qualifier de bonne laitière toute vache qui fournit pendant trois cents jours une moyenne de 10 litres, soit 3,000 litres par an, et beaucoup d'étables sont loin d'atteindre un pareil chiffre. On cite bien, parmi les bêtes cotentines, quelques individus donnant par jour 40 litres de lait et 1,250 grammes de beurre; mais de tels phénomènes sont rares, et même les rendements de 20 litres ne se présentent que très exceptionnellement pendant les premières semaines après le vêlage. Le lait qui coûte le meilleur marché n'est d'ailleurs pas toujours celui qui coule le plus abondamment; c'est celui qui provient d'une moindre proportion de nourriture, car, avant de demander beaucoup à une bête, on doit commencer par lui donner beaucoup. Certain adage vulgaire, pour exprimer cette loi physiologique, compare la vache à une armoire dont on ne peut retirer que ce que l'on a commencé par y mettre. Plusieurs propriétaires, afin de prolonger la sécrétion du lait, transforment leurs vaches en *bœuvonnes,* c'est-à-dire qu'ils les font châtrer. Ce procédé paraît avoir été essayé pour la première fois dans l'Amérique du Nord; de là il fut introduit en Suisse, et il commence à se répandre en France. L'opération, quand elle est adroitement faite, maintient la bête en lait pendant un temps assez long, et facilite ensuite l'engraissement final. Nous n'oserions prétendre qu'un semblable procédé doive être tenté par tout le monde; mais nous en connaissons d'assez heureux résultats pour ne pas nous étonner que quelques personnes en essaient l'application.

Dans les environs des villes, le lait se vend facilement en nature. A défaut de ce débouché si commode, les cultivateurs fabriquent avec les produits de leurs étables soit du fromage, soit du beurre que l'on sale pour l'expédier au loin, ou que l'on porte frais au marché de la ville voisine. La façon d'un kilogramme de beurre n'exige pas en moyenne moins d'une vingtaine de litres de lait. Trente litres sont souvent nécessaires; mais cette proportion varie beaucoup selon la race à laquelle appartient la bête, et selon la bête elle-même. Il est du reste très rare que les vaches qui donnent le plus de lait soient en même temps celles qui fournissent le plus de beurre. Ces dernières se rencontrent dans les races normande et bretonne plus souvent que dans aucune autre; aussi la Normandie et la Bretagne font-elles un commerce de beurre extrêmement actif. Divers cantons de la Lorraine, de la Franche-Comté et du Cantal en fabriquent également beaucoup; mais dans l'est et dans le centre de la France plusieurs pays d'herbages ont adopté de préférence la fabrication des fromages, qui, comme le gruyère du Jura et la fourme du Cantal, peuvent voyager plus loin que le beurre et se conserver plus longtemps. Cette sorte d'industrie toutefois n'est pas avantageuse seulement pour les montagnards du Jura, des Vosges et de l'Auvergne; elle peut offrir jusque dans les plaines les plus riches une source abondante de profits [6].

Les vaches, malgré tous les exemples de migrations que nous avons cités, sortent moins souvent que les bœufs des provinces

II. LES BÊTES DE RENTE. — L'ACCLIMATATION DES ESPÈCES NOUVELLES.

natales, et ce fait s'explique par la très grande importance que le lait a prise dans notre agriculture. Nos rapports avec l'étranger obéissent aux mêmes considérations, et les comptes des douanes en donnent la preuve irrécusable [7].

Autrefois la France avait très fréquemment recours à la race de Schwitz, la meilleure des races suisses, pour développer l'ampleur et les facultés laitières de nos bêtes indigènes, sans en altérer la rusticité. On s'adressait aussi à la race hollandaise pour accroître le rendement du lait. L'importation de ces deux races persistera toujours dans un rayon voisin des pays de provenance; mais aujourd'hui les éleveurs français négligent un peu ces croisements. On a fini par trouver mal faites les bêtes hollandaises. On a reproché aux bêtes suisses de ne pas s'acclimater facilement partout et d'être trop osseuses. Enfin ces deux races exigent une nourriture excessivement abondante et donnent un lait moins riche que celui des vaches françaises. La faveur du public agricole a donc changé d'objet et s'est presque exclusivement portée sur les races anglaises [8]. Dans la race d'Angus, l'absence des cornes constitue aux yeux de plusieurs personnes un mérite réel; mais, si cette famille convient pour la boucherie [9], elle est fort médiocre laitière, et l'absence des cornes la rend inadmissible dans les nombreuses contrées qui soumettent au joug les bœufs de travail. Les bêtes de Devon et les bêtes d'Hereford sont aussi d'un engraissement facile, et elles se prêtent bien au labour; mais elles laissent beaucoup à désirer comme laitières, quoique le lait des vaches devon renferme une remarquable proportion de beurre. C'est donc entre les animaux perfectionnés du comté d'Ayr et du comté, de Durham que doivent, en fin de cause, se décider la plupart des cultivateurs. On a dit des durham qu'elles étaient tout à la fois les plus précoces parmi les bêtes de boucherie et les meilleures laitières. On peut dire des ayr que, si leur lait et leur viande manquent un peu de qualité, ce sont du moins les bêtes de boucherie les plus précoces parmi les bonnes laitières. Ces motifs, qui les ont fait adopter déjà par une partie de l'Ecosse, les recommandent surtout aux contrées d'une fertilité médiocre dont la culture est en voie de progrès. Quant aux pays plus riches qui récoltent une grande quantité de fourrages excellents, ils devront évidemment préférer les durham. Toutefois on est peut-être aujourd'hui trop enclin à oublier les mérites sérieux de nos races indigènes, et l'administration elle-même semble, dans nos concours agricoles, disposée à faire aux durham et aux croisements qui en dérivent une bien large part de faveurs. Pour que cette tendance reste salutaire, il faut qu'elle sache se maintenir dans une juste mesure.

Quoique possédant en général une santé plus robuste que nos autres animaux domestiques, les bêtes bovines ont aussi des maladies spéciales. On n'a point à déplorer en France, comme dans certaines parties de l'Europe orientale, ces affreuses épizooties de typhus qui détruisent parfois le bétail d'une contrée entière. Ce sont l'affection aphtheuse, vulgairement connue sous le nom de *cocotte*, et les maladies de poitrine qui, chez nous, sont le plus souvent à redouter. La *cocotte* n'est pas une maladie mortelle, mais elle prive le cultivateur du lait des vaches qui en sont atteintes, et elle lui cause, sous le rapport du travail et de l'engraissement des bœufs, de regrettables mécomptes. Quant à la pleuropneumonie contagieuse, depuis un certain nombre d'années, elle occasionne d'assez graves accidents dans les étables du nord de la France. Les vaches laitières soumises, dans un lieu humide et bas, à une stabulation constante, sont plus que d'autres sujettes à contracter le germe de cette terrible maladie. Comme les vaches sont partout exposées à une affection tuberculeuse qui devient mortelle quand, pour forcer leur rendement en lait, on les condamne à un emprisonnement continu et à une nourriture trop aqueuse, nous ne serions pas surpris que la forte proportion de pulpe de betterave dont se compose l'alimentation des bêtes bovines autour des établissements industriels du département du Nord fût pour quelque chose dans le développement des péripneumonies contagieuses [10]. La nature est en effet une puissance jalouse; elle ne permet guère qu'on viole impunément ses lois, et puisque les bêtes bovines sont, dans une agriculture savante, celles dont on transforme le plus les conditions essentielles de vie, il ne faut pas s'étonner qu'elles deviennent parfois les victimes de perfectionnements excessifs.

II. — LE MOUTON. — LA CHÈVRE.

Ordinairement on rencontre assez peu de moutons là où les

II. LES BÊTES DE RENTE. — L'ACCLIMATATION DES ESPÈCES NOUVELLES.

bêtes bovines abondent. Le mouton ne tarderait pas à périr dans les pâturages humides, qui conviennent si bien à nos grands ruminants, tandis que ceux-ci mourraient de faim sur les maigres gazons, les bruyères et les chaumes dont le mouton sait au besoin se contenter.

Le mouton, qui réussit à merveille sur les sols d'une fécondité moyenne, et qui peut vivre sur des terres pauvres et sèches, peut aussi passer facilement d'une contrée à une autre pour aller chercher les fourrages qui lui manquent. La transhumance remonte aux temps antiques. Cette méthode est usitée en Espagne, et en Italie; en France, on la pratique aussi quelquefois. Le Béarn envoie ses moutons passer l'hiver dans la Gironde; la Provence envoie les siens passer l'été sur les Alpes, et c'est par centaines de mille qu'il faut compter les animaux soumis à un tel régime. Les moutons transhumants doivent appartenir à des races sobres, rustiques et marcheuses. Ils donnent peu de fumier, puisqu'ils restent peu de temps à la bergerie ; ils ne parviennent pas à un état de graisse remarquable, car ils vivent comme des nomades toujours en quête de leur nourriture. Les propriétaires ont à compter, non pas seulement avec les maladies et avec les accidents de la route, mais encore avec la fidélité des gardiens, et cependant ces troupeaux constituent la richesse de plusieurs pays, parce qu'ils transforment en laine et en viande, aux moindres frais possibles, des pâturages qui trouveraient difficilement un autre emploi.

Malgré les nombreux mérites que présentent les bêtes dont il s'agit, certains engraisseurs donnent toujours la préférence à l'espèce bovine. Entassés dans des bergeries souvent trop étroites où l'air se vicie, marchant sans cesse, ne fût-ce que pour se rendre au pâturage, sur la trace de troupeaux étrangers dont le passage seul peut laisser des germes de contagion, les moutons sont en effet, parmi nos animaux domestiques, ceux sur lesquels sévissent le plus fréquemment des maladies, soit contagieuses, soit épizootiques, assez graves. Dans les contrées sèches et humides, c'est le *sang de rate*[11]; dans les contrées humides, c'est la *cachexie aqueuse* [12]; partout c'est le *piétin* [13] et la *gale* parfois la *clavelée*, qui causent aux bergeries, et principalement aux bergeries mal conduites, de cruels mécomptes. Comme le tempérament un peu débile des bêtes ovines souffre beaucoup des variations trop brusques de la température, et que les pluies fréquentes leur sont très funestes, on doit comprendre combien de soins exige la conduite d'animaux que leur nombre, leur délicatesse et leur peu d'intelligence exposent sans cesse à de sérieux accidents. Aussi, tant vaut le berger, tant vaut le troupeau. Dans une foule de fermes, on a le tort de confier à des enfants ou à d'ineptes valets le soin des moutons. Peut-être l'isolement dans lequel vit le berger et ses habitudes nomades finissent-ils par exercer sur son caractère, parfois même sur sa moralité, une fâcheuse influence : ce n'est pas toujours le domestique le plus commode à diriger; mais comme c'est celui qui doit le plus souvent agir d'après sa propre initiative, ce devrait être au moins le plus intelligent. Bien mauvaise est l'économie qui consiste à confier son troupeau à un berger incapable.

L'Alsace, la Franche-Comté et la Lorraine à l'est de la France, le Maine, l'Anjou et la Bretagne à l'ouest, ne possèdent pas de nombreuses bergeries. Au contraire l'Ile-de-France, l'Orléanais, la Champagne, le Berry, l'Artois et la Picardie nourrissent beaucoup de moutons. Le sud tout entier et principalement le sud-est, enfin, dans le centre même du pays, la Marche, le Limousin et l'Auvergne entretiennent une grande quantité de bêtes ovines. Cependant on ne suppose pas qu'il existe en France plus de 35 millions de moutons. En les calculant, comme il convient de le faire, à raison de dix bêtes en moyenne [14] pour une tête de gros bétail, notre population ovine ne représenterait donc pas les trois dixièmes de notre population bovine. Aujourd'hui en effet la grande division des propriétés tend à restreindre un peu l'importance agricole des moutons, et en ce qui concerne la commerce extérieur nous les voyons également figurer dans nos échanges avec l'étranger pour une masse moins importante que bs animaux d'espèce bovine. Nous disons *pour une masse* car lorsqu'il s'agit en même temps de ces deux sortes d'animaux, il faut tenir compte de leur poids relatif bien plutôt que de leur nombre. De 1827 à 1856 inclusivement, nous n'avons importé que 4,737,720 bêtes ovines [15], et nous en avons exporté 2,388,730 [16] seulement.

C'est dès l'âge de dix-huit mois que la brebis est apte à devenir mère. La gestation dure cinq mois, et dans certaines races, dans les races communes surtout, les agnelages doubles se rencontrent assez fréquemment. Les bêtes des environs de Cognac et les

II. LES BÊTES DE RENTE. — L'ACCLIMATATION DES ESPÈCES NOUVELLES.

excellentes bêtes suisses à laine noire, dont l'introduction a si bien réussi dans les Vosges, offrent de nombreux exemples d'une telle fécondité; mais les brebis lauraguaises et les brebis provençales d'Istre vont plus loin encore. Il n'est pas très rare qu'elles aient deux portées par an, et que de chacune de ces portées il résulte deux agneaux. Dans les races perfectionnées, les femelles sont moins fécondes; on ne doit guère compter que sur un seul petit par an. C'est peu de semaines après l'agnelage que le troupeau présente l'aspect le plus aimable. D'ordinaire le soleil commence à raviver la campagne, car on a eu soin de faire coïncider les naissances avec le prochain retour de la végétation. Ainsi agissent la plupart des éleveurs, pour assurer aux jeunes animaux et à leurs mères le bienfait d'une nourriture fraîche. Il faut alors voir revenir les brebis qu'une courte promenade avait tenues quelque temps éloignées. Toutes les bêtes s'agitent, toutes bêlent; toutes s'appellent et s'entre-cherchent, les blancs agneaux courant de l'une à l'autre au milieu des brebis dont la toison est noircie par les ordures et la poussière. Cette inévitable confusion ne dure que peu d'instants; chaque agneau ne tarde pas à reconnaître sa nourrice, chaque nourrice à reconnaître son agneau. Celui-ci s'agenouille, agitant la queue en signe de joie, comme fait un chien qui retrouve son maître ; il saisit avidement la mamelle de sa mère, et à coups de tête hâte la sortie du lait. Cependant le repas se termine; les brebis rentrent, la séparation s'accomplit de nouveau. Notre bande joyeuse prend tout à coup son élan; elle court aussi vite qu'elle peut, s'arrête subitement, revient avec la même impétuosité, puis repart sans but et sans cause. Parfois au milieu de la course quelques bêtes bondissent, lançant dans l'air avec vigueur une ruade qu'explique seul le besoin de mouvement. Qui ne les a pas vues ne saurait s'imaginer combien gracieuses sont toutes ces courses, combien gais sont tous ces jeux. Mais le temps marche, le sevrage s'effectue, et bientôt le petit [17] et sa mère deviennent étrangers l'un à l'autre.

Nous avons dit que le fumier des bêtes ovines constituait aux yeux des agriculteurs les plus intelligents un de leurs meilleurs produits. Dans les provinces où les loups et l'humidité du sol ne mettent en danger ni la vie ni la santé des moutons, on utilise souvent ceux-ci à fumer directement par le *parcage* certaines terres de la ferme. Économie de litière, économie de transports résultent à la fois de cette méthode, dont l'emploi dans une sage mesure convient aux champs et aux animaux. On doit donc, dès qu'on le peut, recourir au parcage. Nous n'oserions pas en dire autant de l'habitude qui existe en plusieurs endroits de traire les brebis. L'impossibilité où se trouvent quelques habitants du midi d'entretenir des vaches laitières sur leur sol aride excuse un semblable usage. La fabrication de fromages spéciaux, qui sont devenus, comme le roquefort, une source d'abondants profits pour les fermes où ils se préparent, explique encore la préférence que les cultivateurs du Rouergue accordent au lait de leurs brebis [18] ; mais quand on songe à toute la main-d'œuvre exigée par la traite d'une bête aussi peu laitière que la brebis et aux inconvénients qui résultent de cette traite pour les agneaux, on conçoit que les bêtes ovines soient bien rarement entretenues en vue du lait qu'elles peuvent fournir.

Ce qui fait le mérite spécial de ces animaux pendant leur vie, c'est, tout le monde le sait, la laine dont nous les dépouillons. Les provinces qui ne produisaient autrefois qu'une laine maigre et grossière s'efforcent aujourd'hui d'en augmenter la quantité et d'en améliorer la nature par des croisements convenables. Du reste, la force, la souplesse, la finesse, la longueur du brin, sont modifiées par plusieurs circonstances. Il existe une énorme différence entre la laine qui sert à fabriquer nos tissus les plus riches et la toison grossière, souvent entachée de poils jarreux, qui se transforme en tapis ou en simples matelas. Bien des qualités intermédiaires s'échelonnent entre ces extrêmes. Malheureusement les laines les plus fines sont fournies par des bêtes de petite taille, de formes défectueuses, de santé délicate, qui exigent par conséquent des soins fort minutieux, et qui d'ailleurs conviennent peu à la boucherie, rendent moins de viande nette et s'engraissent mal. Or le renchérissement du prix de la viande, qui ne voyage pas, comme fait la laine, exige que l'on se préoccupe davantage de la vente au boucher, et que l'on s'en tienne, pour les toisons, aux qualités moyennes. Ces sortes de laines sont en effet les plus recherchées, parce qu'elles conviennent à un plus grand nombre d'usages.

Le plus souvent nos cultivateurs vendent leurs toisons *en suint*, telles qu'elles viennent de tomber sous les ciseaux du tondeur. Le lavage est ensuite effectué, soit par les marchands de laine, soit par les fabricants eux-mêmes. Cependant en Bourgogne et dans

II. LES BÊTES DE RENTE. — L'ACCLIMATATION DES ESPÈCES NOUVELLES.

plusieurs autres contrées on lave à dos, avant la tonte, la laine des moutons. Cette pratique ne donne qu'un lavage incomplet, et parfois elle augmente les difficultés du nettoyage définitif. Il faut bien s'y soumettre, lorsqu'elle est imposée et maintenue par les usages du commerce; mais les frais de main-d'œuvre qu'elle entraîne et les inconvénients qui peuvent en résulter pour la santé des bêtes devraient y faire renoncer tous ceux qui peuvent s'en affranchir. Quel que soit l'état des laines que l'on livre, elles se classent en laines à cardes et en laines à peigne. Les premières sont prises sur des animaux à toison courte et frisée, comme le mérinos et le south-down, les secondes sur des animaux à toison longue et mécheuse, comme le flamand et le dishley. Quelquefois aussi on rencontre des moutons dont la laine affecte une apparence plus soyeuse. Cette particularité a même été mise à profit pour créer une famille remarquable, connue sous le nom de Mauchamp, dont les mérites spéciaux sont avantageusement utilisés dans certains croisements.

On distingue en France de nombreuses variétés de moutons. Cependant, à bien examiner les choses au point de vue de l'industrie agricole, on peut n'établir que trois catégories principales entre lesquelles se partageraient facilement toutes nos races ovines. Il y aurait alors les moutons communs désignés dans une foule de provinces sous le nom de moutons de pays; les moutons dont la laine a été plus ou moins perfectionnée, connus sous les dénominations d'espagnols, de mérinos ou de métis; enfin les moutons améliorés pour les soumettre à un engraissement précoce, et que dans nos campagnes l'on confond volontiers sous le nom d'anglais.

L'aspect et les mérites des races vulgaires, c'est-à-dire la taille, l'aptitude à s'engraisser, le poids, la finesse et même la couleur de la toison varient singulièrement. Ce que nos moutons *de pays* ont de commun entre eux, c'est seulement la grosseur et la rudesse de la laine qui ne convient guère qu'au peigne. Il faut toutefois reconnaître que, si la toison de ces animaux est souvent mauvaise, leur viande est savoureuse et leur rusticité extrême. Les landes de la Bretagne, les garrigues de la Lozère, les fiévreux déserts de la Sologne, les collines du Languedoc nourrissent des troupeaux qui au besoin se contentent de broussailles.

Quand, les ressources fourragères étant augmentées par la culture des prairies artificielles, on veut améliorer la laine des moutons, il faut faire intervenir des béliers de race mérine. Quelle que soit la patrie première des mérinos, l'Espagne voulut rester et resta longtemps seule à les posséder. Ils sont aujourd'hui répandus dans tous les pays, et la France, qui doit surtout à Daubenton l'acclimatation de cette race précieuse, a remplacé ou modifié par elle un grand nombre de ses bêtes indigènes, le cinquième environ. Nos moutons à laine améliorée habitent principalement l'Ile-de-France, où ils forment la majorité des troupeaux, et de là ils rayonnent dans une grande partie de la Champagne et de l'Orléanais. La Bourgogne est devenue sur plusieurs points un centre d'élevage fort actif pour les moutons de race mérine; certains cantons de la Normandie et de la Lorraine marchent également dans cette voie. Il est assez rare cependant que le sang mérinos puisse être conservé pur. L'abondance, sinon la délicatesse de aliments que consomment les animaux de cette famille, la difficulté avec laquelle ils s'engraissent, une excessive propension à contracter la pourriture, le piétin, le sang de rate, le tournis, en un mot les diverses maladies qui frappent l'espèce ovine, rendent les mérinos impossibles dans une foule de circonstances, et obligent à se contenter de métis. On comprend donc à quel point il faut se préoccuper de l'hygiène du troupeau quand il s'agit de laines superfines, comme celles fournies par la race de Naz, qui n'est qu'une tribu de mérinos à toison perfectionnée; mais, dès que la laine a été rendue par le croisement suffisamment bonne, et que l'on veut communiquer aux moutons, en vue de la boucherie, les aptitudes d)nt manque la race mérine, il faut recourir à un autre ordre d'améliorateurs.

Les races de boucherie les plus précoces que nous connaissons sont d'origine, nous allions dire de fabrication anglaise, et les meilleures ; parmi celles-ci sont incontestablement les dishley, le new-kent et le les south-down. Les deux premières variétés conviennent plus particulièrement à nos provinces du nord et de l'ouest, ainsi qu'aux fermes où l'on peut disposer en faveur de la bergerie d'une nourriture très abondante. Le south-down, lui, est plus rustique, — si néanmoins une bête façonnée pour un engraissement précoce peut être qualifiée de rustique. Il

II. LES BÊTES DE RENTE. — L'ACCLIMATATION DES ESPÈCES NOUVELLES.

est en somme moins exigeant, et dès lors plus convenable dans les exploitations du centre de la France [19]. Le seul reproche qu'il mérite s'adresse à la laine, qui manque de suint et ne se développe jamais avec abondance. Quant au cotswold, quoiqu'il ait des formes admirables, nos cultivateurs ont sans doute eu raison de ne point l'adopter, parce qu'il passe pour racer mal, et que d'ailleurs il n'est pas supérieur au dishley, dont la laine est meilleure, et dont l'influence sur le troupeau se maintient plus active. C'est avec des béliers new-kent qu'a été obtenue la race de la Charmoise. La race d'Alfort, qui jouit maintenant d'une si grande faveur, parce qu'elle réalise à un degré fort remarquable, grâce aux soins éclairés et à la persévérance de M. Yvart, qui en est le créateur, l'alliance de la laine et de la viande, la race d'Alfort est due à l'intervention des dishley et des mauchamp. Cette nouvelle famille a perdu les cornes et le fanon qui distinguent les bêtes mérinos, tout en conservant une richesse de toison suffisante, et» en empruntant au sang dishley de belles formes et de la précocité. C'est donc une race de boucherie fournissant une toison meilleure qu'aucune race anglaise. Tel est le type obtenu déjà; tels devraient être, en bonne économie rurale, la plupart des troupeaux que la France entretient.

Comme la brebis, la chèvre nous donne de la viande, une toison et du lait. Le lait de la chèvre est beaucoup plus abondant que celui de la brebis, et plusieurs départements le transforment en fromages, parmi lesquels les produits du Mont-d'Or lyonnais conservent une grande réputation. La toison ou plutôt les poils des animaux de l'espèce caprine n'ont que peu de valeur, du moins chez la chèvre commune, et la viande ne plaît pas à beaucoup de personnes.

Pendant les trente années qui se sont écoulées de 1826 à 1857. la France n'a importé que 209,900 bêtes caprines, et elle n'en a exporté que 58,560 [20]; elle n'en nourrit guère plus d'un million et demi sur la surface de son territoire, et encore la Corse possède-t-elle à elle seule le dixième environ de notre population caprine tout entière. Excepté dans le Languedoc, le Dauphiné, la Provence, la Guienne et la Gascogne, notre agriculture ne laisse à la chèvre qu'une importance assez restreinte. Cela tient aux dégâts considérables que commet cet animal. Aussi la chèvre n'a-t-elle sa raison d'être que sur les rochers inaccessibles aux autres animaux, et qu'elle gravit avec agilité. Elle devient encore utile quand on l'adjoint en petit nombre aux troupeaux transhumants. Elle profite alors de ce que délaissent ou ne peuvent pas atteindre les moutons, et elle sert en même temps de bête laitière au pasteur.

L'extrême facilité avec laquelle la chèvre se nourrit de toute sorte de débris, de feuilles et de végétaux ligneux, lui a fait donner le surnom de vache du pauvre. C'est à ce titre seul que peuvent l'admettre des contrées assez fertiles pour entretenir une espèce d'animaux plus précieuse.

Afin d'augmenter la valeur des services rendus par la chèvre, on tente maintenant de substituer à la race commune des reproducteurs de la race d'Angora. La quantité de riche duvet que ces derniers fournissent dans leur pays natal diminuera-t-elle notablement en France, ainsi que cela est arrivé pour les chèvres du Thibet que l'on avait autrefois introduites? La chèvre d'Angora sera-t-elle aussi robuste et donnera-t-elle autant de lait que celle que nous possédons? Il serait sans doute imprudent de répondre par avance à ces questions, car l'expérience, déjà plusieurs fois commencée, est reprise aujourd'hui par la Société d'acclimatation. Cependant, et alors même que ces tentatives réussiraient, la nouvelle bête à toison plus précieuse ne pourra pas davantage être admise dans les contrées qui, par suite des progrès de la culture, ont dû proscrire l'ancienne. Qu'elle soit d'Angora, du Thibet ou de France, la chèvre sera toujours chèvre, c'est-à-dire toujours dangereuse pour les bois, pour les vignes, pour toutes les cultures arbustives, et comme nos fabriques de tissus ont encore plus besoin de laine que de duvet d'Angora, on peut affirmer que la vache et le mouton, partout où ils peuvent vivre, resteront bien certainement préférables.

III. — L'ESPÈCE PORCINE ET LA BASSE-COUR.

Les animaux dont il nous reste encore à parler n'occupent, dans l'économie générale de la plupart des fermes, qu'une place secondaire; ils y constituent ce qu'on nomme la basse-cour. Tels sont les cochons, les lapins et les volailles.

Dans toute exploitation rurale, le cochon est indispensable. Prompt à s'engraisser, fournissant à l'abatage une chair que l'on peut saler et conserver longtemps, il a le grand mérite d'être omnivore, et par conséquent d'utiliser une masse de débris végétaux on

II. LES BÊTES DE RENTE. — L'ACCLIMATATION DES ESPÈCES NOUVELLES.

animaux qui, sans lui, seraient presque entièrement perdus. Les meuniers entretiennent beaucoup de porcs avec les déchets de leur industrie; une foule de paysans en possèdent. Cependant il ne paraît pas que l'on doive compter sept millions de bêtes porcines en France, et plus des trois quarts sont seulement des porcelets au-dessous d'un an. Un pareil chiffre ne répond évidemment ni à ce qui serait désirable pour une meilleure alimentation des classes pauvres, ni à ce que permettrait sans doute un emploi plus attentif de toutes choses. La Guienne, le Béarn, la Bretagne, la Lorraine, le Maine, l'Anjou et le Languedoc semblent être les provinces qui possèdent le plus de cochons; le Limousin, l'Artois, la Flandre, la Picardie et la Normandie en nourrissent aussi un grand nombre.

C'est en Auvergne que l'on trouve une des plus mauvaises races porcines qui existent en France ; les environs de Craon et le pays d'Auge en élèvent au contraire une des meilleures. Autrefois nous ne connaissions guère que le porc, gros ou moyen, dont le type domine trop souvent dans la plupart de nos provinces. S'il donne une viande de bonne qualité, ni trop grasse ni trop maigre, il est vorace et d'un développement tardif. Aujourd'hui l'on trouve dans beaucoup de départements des animaux perfectionnés qui présentent une prodigieuse aptitude à un prompt engraissement. Nous en avons vu [21] quelques-uns devenir tellement gras que des rats les rongeaient tout vivants, c'est-à-dire qu'ils entamaient leur peau sans que ces monstres de graisse eussent la force de remuer pour se débarrasser d'une aussi étrange agression. Les personnes qui ont assisté à nos grands concours agricoles et qui. ont gardé souvenir de ces boules luisantes dont la tête et les membres disparaissent sous la graisse ne s'étonneront pas de ce que j'ai eu l'occasion de voir une fois.

Les grosses races ont été en partie améliorées par des verrats napolitains, et elles ont été si bien perfectionnées en Angleterre que les bêtes anglaises commencent à se substituer dans tous les grands concours à nos bêtes indigènes. C'est de l'Asie que sont venus les verrats à l'aide desquels nos voisins d'outre-Manche ont su façonner les familles si petites que plusieurs cultivateurs cherchent à introduire dans notre pratique agricole. Parmi ces dernières variétés, quelques-unes sont réduites à des proportions pour ainsi dire exiguës qui en rendraient l'entretien possible dans la plus humble chaumière. Néanmoins ces utiles bêtes sont encore repoussées par certaines personnes. On reconnaît leur étonnante précocité, on ne nie pas la puissance d'assimilation qui les distingue, on les accuse seulement de ne donner qu'une viande molle, trop grasse et trop fade. Nous ne prétendrons jamais que la chair d'une bête engraissée fort jeune et en très peu de temps puisse avoir autant de saveur que la chair d'un animal plus tardif; mais, en ayant soin de nourrir médiocrement et d'abattre avant un complet engraissement les porcs dont il s'agit, on remédierait en grande partie à l'excès de graisse et à la mollesse de fibre que l'on reproche aux races anglaises. Nous devons avouer cependant que ces races nouvelles ne peuvent pas convenir aux cultivateurs du centre et du midi, qui mènent aux champs ou dans les bois leurs troupeaux de cochons. Il faut, pour se plier à un tel régime, des bêtes plus marcheuses que les berkshire ou les essex. Dans plusieurs localités du centre et de l'ouest, dans le Périgord, etc., l'élève des cochons constitue une industrie spéciale. On entretient des truies que l'on fait porter, et les petits sont vendus dès l'âge de six semaines à d'autres cultivateurs qui les gardent plus ou moins longtemps et qui finissent par les revendre à des engraisseurs, ou par les engraisser pour leur propre compte.

Le commerce des cochons de lait donne lieu en France à d'importantes transactions qui ne s'effectuent pas exclusivement entre nos diverses provinces; elles s'étendent jusqu'aux pays étrangers, et principalement en Belgique, d'où nous tirons chaque année un très grand nombre de petits cochons [22].

Les truies ne sont pas d'aussi bonnes mères que les femelles de nos autres espèces domestiques. Pour peu que la faim les sollicite et qu'on les ait habituées à une nourriture animale, elles n'hésitent pas à manger leurs petits; mais leur fécondité est extrême : il n'est pas rare de compter une dizaine de gorets par portée, quelquefois on en compte jusqu'à quinze. Chacun d'eux adopte une tétine, et il est parfois amusant de voir la mère couchée sur le flanc pour allaiter sa nombreuse et vorace famille. On dirait une bande d'animaux lilliputiens acharnés sur le ventre d'une énorme bête qu'ils ne peuvent, malgré tous leurs efforts, parvenir à troubler. Vauban a calculé qu'une seule truie, dont les portées seraient aussi précoces, aussi rapprochées et aussi fécondes que possible, et dont toute la

II. LES BÊTES DE RENTE. — L'ACCLIMATATION DES ESPÈCES NOUVELLES.

famille se reproduirait avec une égale activité, deviendrait, après une série de dix générations, la souche de six millions d'individus. On ne doit pas, dans la pratique agricole, baser ses prévisions sur une telle fécondité; mais l'élevage des gorets n'est nulle part difficile. Malheureusement le commerce des petits cochons, comme celui des cochons gras, subit des fluctuations singulièrement rapides. L'inconstance de ces mouvements ne permet guère de décider lequel, de l'éleveur ou de l'engraisseur, réalise d'ordinaire les meilleurs bénéfices.

Le porc, concurremment avec certains chiens, sert d'utile auxiliaire aux chercheurs de truffes du Périgord; mais il n'est partout ailleurs qu'une bête de boucherie. Dans les pays où l'agriculture est le plus avancée, on tient le porc soigneusement renfermé. Cette claustration est nécessitée par les habitudes dévastatrices de l'animal. Fouillant la terre avec son groin puissant pour y chercher des insectes et des racines, il laboure les pâtures qu'on lui abandonne. Le bouclement [23] qu'on lui fait parfois subir ne remédie que dans une mesure imparfaite à ces graves inconvénients. Le mieux est donc en effet de recourir au moyen radical de la stabulation permanente, mitigée par l'adjonction d'une petite cour pavée et solidement enclose dans laquelle se trouve un réservoir d'eau où le porc puisse aller prendre les bains qui lui sont si nécessaires.

Le porc n'est pas, du reste, le seul habitant de la ferme que l'on tienne ainsi prisonnier. Il en est de même d'un autre fouilleur, plus petit, mais non moins incommode : nous voulons parler du lapin. Le lapin est un mangeur insatiable, et, réduit à l'état domestique, il ne fournit plus à notre consommation qu'une viande généralement peu estimée. Aussi ne doit-on pas le considérer comme pouvant servir d'objet à une sérieuse spéculation. Nos cultivateurs conservent quelques lapins pour varier de temps à autre les mets rustiques qui paraissent sur leur table; mais ils ne donnent jamais beaucoup d'extension à un semblable élevage. Les soins et la masse de nourriture qu'exigerait une lapinerie un peu considérable ne seraient pas facilement payés par les produits que l'on en retirerait. Nous avons vu les religieux de la Grande-Trappe de Mortagne obligés de renoncer à ce genre d'industrie, quoique leur situation près des bois et les bras nombreux dont ils disposent les missent largement à même de suppléer par des végétaux sauvages à l'insuffisance des fourrages cultivés pour leur lapinerie.

Ne devrait-on pas souvent faire des réserves analogues au sujet de la volaille? Celle que l'on enferme dans des cours ou des parcs restreints coûte à nourrir plus qu'elle ne vaut. Il lui faut une certaine liberté d'allures, afin qu'elle puisse picorer et ramasser aux portes des granges et sur les fumiers de l'exploitation les grains qui tombent, les vers et les insectes qui se cachent. Et cependant certaines contrées font de la volaille l'objet d'un commerce important. La Bresse, la Brenne, le Maine, l'Anjou, etc., sont connus comme produisant des poulets et des chapons d'excellente qualité. Les Marches normandes, le Perche, l'Anjou et plus encore l'Alsace et le Languedoc fournissent à notre consommation une grande quantité d'oies. La Champagne est renommée pour ses dindons, la Normandie pour ses canards; on trouve excellents les pigeons de Picardie. Enfin on estime à 45 millions de francs environ la valeur annuelle de tout ce que donnent nos volailles. Néanmoins c'est la petite culture qui, pour la plus forte part, alimente ce genre de commerce, celui des pigeons excepté. La grande et la moyenne culture ont en effet bien autre chose à faire qu'empâter des poulardes dans leurs épinettes ou réchauffer au soleil des dindonneaux qui prennent le rouge. Pour tirer profit de nos oiseaux de basse-cour, il faut une foule de soins qui ne conviennent qu'aux femmes. Aussi voyons-nous toujours la volaille commise à la surveillance directe de la fermière et constituant son troupeau particulier. C'est la fermière qui gouverne elle-même ce monde gloussant et piaulant ; presque toujours le prix de vente qu'elle en retire lui est abandonné, et ce dernier usage est pour beaucoup dans le maintien du chiffre élevé des volailles que possède la France.

La poule est, de tous nos oiseaux domestiques, le plus commun et le plus utile. Les œufs de poule sont les seuls qui donnent lieu à un commerce actif. Pendant l'année 1827, nos cultivateurs en avaient expédié à l'Angleterre 4,746,324 kilogrammes; en 1856, ces mêmes exportations atteignaient le chiffre de 8,891,167 kilogrammes. C'est pendant sa troisième année que la poule pond le plus grand nombre d'œufs, la quatrième année est encore bonne, ensuite la ponte devient insignifiante. Deux cents œufs pour ces quatre ans constituent déjà un assez beau produit. On utilise aussi, après

II. LES BÊTES DE RENTE. — L'ACCLIMATATION DES ESPÈCES NOUVELLES.

sa mort, les plumes de la poule ; mais la valeur en est minime. Nos bonnes races françaises, dont la viande est si délicate, restent comme pondeuses préférables aux diverses races asiatiques que l'on a, depuis quelques années, introduites dans nos basses-cours. Quant à ces dernières, elles sont de meilleures couveuses, et finissent par prendre un plus fort développement. Néanmoins elles méritent le reproche grave de conserver des habitudes trop sédentaires, et par conséquent de ne pas assez chercher leur nourriture dans les herbages et dans les fumiers de la ferme.

Sous le rapport de l'utilité, l'oie vient après la poule. L'oie, qui n'est pas encore domestiquée comme la poule, et qui s'envole parfois avec les bandes de camarades sauvages qu'elle rencontre, fournit à notre industrie des plumes et un duvet dont la valeur est très grande, mais qu'il faut arracher périodiquement au corps de l'animal vivant. On soumet également ce pauvre volatile à une autre espèce de torture, celle qui a pour but de subvenir par un développement anormal, nous allions dire maladif, du foie aux cruelles délicatesses de la gastronomie. La chair et la graisse de l'oie entrent enfin pour un chiffre qui n'est pas sans importance dans notre alimentation générale .

Tout le monde connaît les mérites comestibles du dindon; mais l'éducation de ces animaux présente d'assez grandes difficultés, et ce genre d'oiseaux, d'un caractère méchant, d'un appétit vorace, conserve des habitudes sauvages et dévastatrices qu'explique sans doute le peu de temps qui s'est écoulé depuis que notre agriculture en a fait la conquête. Aussi n'en élève-t-on pas partout.

Le canard, dont la première enfance est seule délicate et qui se nourrit ensuite avec la plus grande facilité, se retrouve, lui, dans toutes les exploitations où l'on a un peu d'eau. Il anime les mares sur lesquelles il se joue, et y étale au soleil les nuances d'un plumage lustré et chatoyant. Omnivore comme le cochon, le canard met tout à profit : les débris de cuisine, les herbes aquatiques, les insectes et autres petits animaux. Il faut toutefois lui interdire l'entrée des pièces d'eau servant à élever de très jeunes poissons, qu'il saisirait entre les larges spatules de son bec sans plus de façon que s'il s'agissait de frai de grenouilles ou d'inutiles vermisseaux.

Quant au pigeon, il disparaît peu à peu de beaucoup d'exploitations agricoles. Le pigeon de volière coûte cher à nourrir, parce qu'il ne va pas marauder assez loin, et le pigeon fuyard, que l'on désigne aussi sous le nom de bizet, court partout le risque d'être impitoyablement pourchassé. Personne ne veut nourrir à ses dépens une bande d'animaux qui, bien repus des grains d'autrui, vont ensuite faire profiter un colombier voisin du produit de leurs razzias. Puis le pigeon rappelle le colombier féodal, il semble appartenir encore à l'ancien régime, dont il évoque quelques abus en prélevant sur les champs des *vilains* d'alentour une dîme indiscrète; nos mœurs démocratiques ne peuvent plus favoriser la multiplication de ce pillard emplumé.

Tels sont les oiseaux de nos basses-cours agricoles. Quelques autres s'y rencontrent encore de temps en temps, mais comme objets de fantaisie; aussi n'en parlerons-nous pas. Nous ne dirons rien non plus des animaux dont la production, utile dans certaines propriétés, ne peut se généraliser. Ici, ce sont les poissons [24] que l'on ramène dans des eaux dépeuplées; du côté de Bordeaux, ce sont les sangsues; dans la Bretagne, l'Ile-de-France, l'Orléanais, etc., ce sont les abeilles que l'on multiplie; dans le Vivarais, ce sont les vers à soie qui filent leur précieux cocon. Néanmoins ces diverses industries, pas même la dernière, malgré l'immense importance qu'elle a pour la France, ne sauraient entrer dans le cadre de notre travail. Elles ne sont praticables qu'à la campagne; mais elles ne s'allient pas forcément, comme l'entretien de nos autres animaux domestiques, aux spéculations culturales dont nous nous sommes préoccupé avant tout dans cette étude.

IV. — L'ACCLIMATATION DES ESPÈCES NOUVELLES.

Les divers animaux dont nous venons de parler suffisent-ils réellement à notre agriculture, ou bien devons-nous, pour réaliser de plus rapides progrès, appeler à notre aide quelques espèces nouvelles? C'est ce qu'il nous reste à examiner.

Disons-le d'abord : il ne sera jamais sans danger d'introduire sur un domaine des bêtes qui ne sont pas admises par les usages du pays. Si certaines circonstances, malheureusement trop fréquentes en agriculture, obligent à diminuer le nombre des animaux entretenus jusqu'alors dans la ferme, comment se débarrasser de

II. LES BÊTES DE RENTE. — L'ACCLIMATATION DES ESPÈCES NOUVELLES.

ceux que la pratique agricole n'a pas encore adoptés? Est-ce à dire qu'il faille ne se prêter à aucun essai? Loin de là. Nous voulons seulement indiquer avec quelle prudence on doit procéder quand il s'agit de choses toutes nouvelles, de véritables révolutions agricoles.

On l'avouera sans doute avec nous, ce qui manque le plus à nos exploitations rurales, c'est, non pas le nombre des espèces, mais le nombre des individus et l'excellence des races. Pour rendre meilleur un tel état de choses, il faut commencer par augmenter dans de larges proportions la masse des fourrages disponibles, plutôt que d'inviter de nouvelles catégories de convives à un festin encore insuffisant. Ramenée à ce point de vue, l'acclimatation des *espèces nouvelles*, — nous insistons avec intention sur le mot *espèces*, parce qu'il ne s'agit ici ni des races étrangères, ni de leurs croisements, — l'acclimatation, disons-nous, ne perd-elle pas un peu de l'excessive importance qu'on lui attribue parfois? Elle devrait, selon nous, se borner aux animaux qui, sans exiger une plus forte dépense de fourrages, donnent une somme plus considérable de produits, et à ceux qui savent utiliser des ressources laissées jusqu'à ce jour sans emploi. Quant à l'élève des animaux d'ornement, il est évident, d'après ce qui précède, que ce petit détail reste pour nous entièrement réservé, et, à ne nous inquiéter que des grands intérêts du pays, nous croyons pouvoir maintenir qu'il se trouve au fond de la plupart des questions relatives à l'acclimatation moins d'utilité pratique et d'efforts franchement agricoles que de curiosité scientifique ou d'élégante distraction. Sauf le ver à soie, et le dindon, qui date pour nous du XVIe siècle, tous les animaux dont nos cultivateurs s'occupent aujourd'hui peuplaient déjà nos campagnes dès la plus haute antiquité. Quelques nouveaux esclaves viendront peut-être augmenter le nombre des bêtes qui habitent nos fermes; mais il ne faut pas nous faire à ce sujet trop d'illusions. M. Alphonse de Candolle a eu raison d'écrire dans sa *Géographie botanique* : « Un végétal ou un animal se naturalise d'emblée dans un pays qui lui est convenable; il meurt dans celui qui lui est impropre, il ne s'y acclimate pas. » Cette difficulté de l'acclimatation proprement dite n'est cependant pas le motif principal de nos doutes. Une foule d'hommes zélés se chargeront toujours volontiers des risques de l'entreprise, et chaque fois que la solution sera possible, elle sera obtenue. Ce que nous n'admettons pas, c'est que la pratique agricole soit fort intéressée à l'adoption des animaux de toute taille et de toute forme qu'on ne cesse de lui proposer.

Ainsi, supposant sans doute que nos bêtes de travail étaient réellement défectueuses ou insuffisantes, on s'est préoccupé avec ardeur des troupeaux d'hémiones que nourrissent l'Himalaya, la Mongolie et l'Hindoustan ; l'on a presque envié à l'Afrique méridionale ses élégants solipèdes, le zèbre, le dauw et le couagga. Ces sauvages animaux ont été quelquefois attelés, nous le savons; mais nous savons aussi que les hommes qui leur donnent la chasse pour en manger la chair et en utiliser la peau continuent à leur préférer pour le service domestique nos vieux auxiliaires, l'âne, le cheval et le mulet. Sont-ce leurs dangereux caprices qui font négliger par les populations près desquelles ils vivent l'hémione, le zèbre, le dauw et le couagga? Ou bien leur délaissement continu serait-il sans cause? Cette seconde hypothèse ne paraît pas probable; elle l'est d'autant moins que les essais que l'on conseille ont été faits de temps à autre sans avoir pu jamais encore modifier les préférences et les habitudes d'aucun peuple. Changer pour changer est acte de fantaisie. Il est donc fort douteux que nos éleveurs consentent à se lancer dans l'inconnu d'une domestication difficile, quand ils possèdent déjà pour le même usage des animaux de valeur égale, On a aussi parlé, — de quoi n'a-t-on pas parlé? — du chameau et du dromadaire pour nos provinces méridionales. Il existe en effet quelques chameaux en Toscane; mais ils s'y multiplient peu, et M. Isidore Geoffroy Saint-Hilaire reconnaissait lui-même combien sont restreintes les limites d'emploi de ces *vaisseaux du désert*. A en croire certaines personnes, il faudrait cependant révolutionner nos étables et partout introduire du nouveau, comme si le nouveau et le progrès étaient toujours une même chose. De telles exagérations ne sont bonnes qu'à en provoquer d'autres dans un sens contraire, et c'est pour éviter le second excès qu'on ne doit pas craindre de combattre le premier.

Les animaux dont on s'occupe le plus en ce moment sont le yak et le lama avec les congénères de ce dernier, la vigogne et l'alpaga. Le yak ne vaut pas le bœuf. Il a des crins à la queue, et sur une partie du corps des poils qui rappellent la laine; mais sa force

II. LES BÊTES DE RENTE. — L'ACCLIMATATION DES ESPÈCES NOUVELLES.

n'est pas supérieure à celle du bœuf, et ce qui décide la question, les qualités laitières de la femelle sont moindres que celles de la vache. Là où le yak pourrait être introduit chez nous, nos races montagnardes savent déjà vivre. Semblable en cela au buffle, que les contrées marécageuses acceptent faute de mieux pour le délaisser dès qu'elles sont assainies, le yak n'a jamais pu encore sortir de ses montagnes natales pour se faire adopter par des pays plus tempérés. L'industrieuse Chine, dont il est si voisin, le connaît et ne s'en occupe pas. La Suède peut-être aurait avantage à l'introduire sur quelques cimes abruptes; mais en France quelles herbes restent donc sans emploi quand descendent de la montagne nos bœufs, nos moutons et nos chèvres, chassés par les neiges de l'hiver? Quels travaux, quels transports restent donc inachevés que le yak ou toute autre bête nouvelle pourrait seule accomplir?

Nous ne trouvons pas non plus que le lama présente, relativement à nos bêtes ovines, les avantages qu'on lui attribue. On dit que dans leur pays natal le lama et ses congénères ne souffrent pas autant que le mouton des intempéries de l'atmosphère; mais en serait-il encore de même sous un climat étranger? Nous avons vu à La Haye le troupeau de lamas que le roi de Hollande s'amuse à y entretenir depuis un certain nombre d'années; or il paraît que cette expérience n'est pas en somme très concluante,[1] car l'exemple du roi n'a été suivi par personne. D'ailleurs le plus grand mérite du lama et de l'alpaga consiste dans leur toison, et comme l'agriculture française trouve maintenant intérêt à développer, surtout en vue de la boucherie, l'aptitude et la précocité des bêtes ovines, nous ne croyons guère à l'opportunité d'une telle acclimatation. Alors que le lama réussirait, — ce qui est douteux, — sur quelques-unes de nos montagnes mieux qu'il n'a fait à l'Institut de Versailles, cette nouvelle bête resterait sans aucun doute confinée sur de très rares exploitations. Dans les Andes elles-mêmes, le lama se trouve aujourd'hui repoussé sur les hauteurs froides et arides où ne pourrait habiter le mouton, que l'on préfère multiplier sur tous les sites les plus fertiles. Pour quels motifs les choses se passeraient-elles autrement en France?

Il est également question d'une foule d'animaux que l'on voit avec surprise figurer parmi les hôtes du jardin de la Société d'acclimatation, et dont la principale destination serait, paraît-il, de fournir aux chasseurs l'attrait d'un gibier délicat. Nos champs et nos bois ne souffrent cependant déjà que trop de la voracité du lapin pour qu'on ne nous afflige pas encore de l'agouti, du kanguroo, du mara ou de tout autre rongeur. En définitive, les espèces qui se nourrissent de végétaux laissés jusqu'à ce jour sans emploi lucratif sont les seules qu'il nous paraisse désirable d'acclimater dans notre pays. C'est à ce titre qu'on doit se féliciter des succès obtenus par la persévérance de M. Guérin-Menneville dans l'éducation du ver à soie de l'allante et des chances non moins favorables que présente l'acclimatation du ver à soie du chêne. Peut-être la limite que nous établissons semblera-t-elle bien étroite; elle est cependant à nos yeux la seule qu'admettent la vérité des faits et les intérêts agricoles.

Que faut-il conclure de la série de faits et d'observations qu'il nous a semblé utile d'exposer sur le rôle des *animaux dans l'agriculture*?

La nécessité d'augmenter autant que possible l'effectif des animaux entretenus sur la ferme, en donnant toutefois une large préférence au bétail de rente et au bétail de profit, et en réduisant au strict nécessaire la proportion des attelages, — la possibilité plus fréquente qu'on ne le croit généralement de combiner le rôle des animaux de travail avec leur modification ultérieure en bêtes de rente ou en bêtes de profit, — l'avantage qu'il y a toujours à mieux nourrir un nombre limité d'animaux plutôt qu'à en entretenir une quantité plus considérable, — enfin l'utilité des conseils que fournit l'art vétérinaire sur le choix, la multiplication, l'entretien et l'engraissement des animaux domestiques, sont, il nous semble, les conséquences logiques de tout ce qui précède.

On a pu reconnaître qu'il n'existait dans aucune des espèces d'animaux domestiqués par l'homme une race quelconque qui dût être prônée partout comme portant dans ses veines le germe de toutes les perfections. Les améliorations que l'agriculture peut faire subir au bétail dépendent en grande partie des ressources fourragères dont on dispose; mais elles résultent aussi de la sagesse avec laquelle on dirige la reproduction de ce bétail. Pour atteindre rapidement le but désiré, il faudra plus d'une fois recourir au procédé si délicat du croisement par une race supérieure. Cependant les dangers que présente cette méthode, quand on ne sait pas bien la manier, la crainte d'altérer trop le caractère primitif d'un bétail qui n'est pas mauvais sous tous les rapports,

II. LES BÊTES DE RENTE. — L'ACCLIMATATION DES ESPÈCES NOUVELLES.

enfin le désir d'éviter les lourdes dépenses que nécessite l'emploi des reproducteurs étrangers, nous paraissent autant de motifs de préférer dans beaucoup de fermes la voie de la sélection, ou de la reprendre dès qu'elle redevient possible.

Tout le monde a sans doute remarqué le prix excessif que coûte un bon étalon *améliorateur*. Ainsi l'on sait que, dans les familles chevalines les plus distinguées, certains animaux de choix ont dépassé le prix: énorme de 50,000 francs, et que les saillies du fameux *Eclipse* se sont payées jusqu'à 1,300 francs; mais peu de personnes se doutent du chiffre élevé qu'atteint quelquefois la vente des autres reproducteurs. Un excellent baudet du Poitou peut valoir 10,030 francs. A la vente des durham de C. Colling, on a payé 26,500 francs son plus beau taureau, et 10,500 francs sa meilleure vache. Jonas Webb, le fameux éleveur de south-down, avait pu obtenir 16,,030 francs (8,000 francs pour chacun d'eux) de deux béliers fournis à notre administration de l'agriculture, et lorsqu'il vendit dernièrement son troupeau de Babraham, un de ses béliers fut encore acheté 6,957 francs, en même temps que plusieurs brebis s'adjugeaient au prix fort remarquable de 900 francs par tête. Ces chiffres sont exceptionnels, nous en convenons; mais il faudra toujours s'attendre à payer cher les beaux reproducteurs, car cette cherté s'explique et par l'empressement avec lequel on recherche aujourd'hui les types de grand mérite, et par les soins considérables qu'exige l'élève des animaux destinés à jouer dans une ferme le rôle d'améliorateurs.

On a pu remarquer aussi que beaucoup des animaux dont il s'agit sont, sinon personnellement, du moins par leurs ancêtres, d'origine anglaise. Les Anglais ont en effet marché plus vite que nous dans l'art de perfectionner les qualités spéciales de leur bétail. Les conditions climatériques de leur pays, les grands capitaux dont ils disposent et leur caractère propre sont autant de causes de la supériorité réelle à laquelle sont parvenus nos voisins d'outre-Manche. Il ne faut cependant pas se faire à ce sujet des illusions trop pénibles pour notre amour-propre national. En Angleterre même, les étables modèles qui fournissent les reproducteurs les plus estimés restent toujours une exception, et les troupeaux d'où sortent ces bêtes de choix n'y sont pas soumis à un régime ordinaire; ce sont tout simplement des collections précieuses, constituant des sortes de haras qui vendent au monde entier leurs meilleurs élèves. On se tromperait donc fort, si l'on croyait trouver par exemple toutes les fermes anglaises indistinctement peuplées de bêtes bovines appartenant à la race durham. Cette race ne joue encore là, comme en France, qu'un rôle de type améliorateur, si bien qu'en juin 1861 des éleveurs américains ont pu envoyer en Angleterre, où ces animaux devenaient par trop rares, et d'où étaient cependant issus les pères des nouveaux débarqués, un certain nombre de taureaux durham qui se sont vendus fort cher [25]. Du reste, notre agriculture n'a pas aussi souvent qu'on le dit besoin de réduire les animaux à une spécialité puissante qui parfois compromet chez eux d'autres qualités, et nos progrès sont depuis quelque temps assez soutenus pour que nous exportions à notre tour un grand nombre d. reproducteurs.

Nos mérinos et leurs divers croisements nous sont demandés par l'Australie, par l'Amérique, par l'Angleterre elle-même; nos meilleurs chevaux percherons sont enlevés tous les ans par des officiers de remonte étrangers, etc. Nous commençons d'ailleurs, pour le plus grand bien du pays, à renoncer un peu à nos excès d'*anglomanie* en agriculture. Après avoir beaucoup trop méprisé et par suite trop délaissé nos vieilles races françaises, nous revenons à en mieux comprendre la convenance et les mérites. Au concours international d'animaux reproducteurs de 1860, notre race charolaise avait paru si belle qu'on l'avait surnommée la race durham de la France, et certains éleveurs anglais commencent à l'introduire dans leurs croisements. Au concours international d'animaux de boucherie qui s'est tenu à Poissy le 16 avril 1862, nos races bovines landaise, garonnaise, bazadaise et limousine, nos races porcines angeronne et normande ont étonné tout le monde. Qui aurait osé supposer chez nous, il y a dix ans, d'aussi rapides progrès?

La recherche des améliorations ne doit cependant pas se ralentir en France, car le dernier mot est encore loin d'être dit. Le sera-t-il jamais? Quoi qu'il en soit de l'avenir de notre agriculture, le véritable progrès, en ce qui concerne nos animaux domestiques, consistera toujours dans le perfectionnement de ce qui a depuis longtemps déjà sa raison d'être plutôt que dans une révolution radicale de notre système zoologique ou dans de trop aventureuses

II. LES BÊTES DE RENTE. — L'ACCLIMATATION DES ESPÈCES NOUVELLES.

innovations. En tout cas, et de quelque bête qu'il s'agisse, l'amélioration de la terre doit précéder l'amélioration du troupeau. Ne bornons donc pas nos efforts à nous procurer de bons types reproducteurs; mais partageons également nos soins entre le sol qui nourrit nos animaux domestiques et les animaux domestiques qui fécondent notre sol. C'est de ce double travail que dépend tout succès en agriculture.

NOTES

1. Voyez la Revue du 1er avril.

2. La même bête peut, on le sait, soit successivement, soit en même temps, être bête de travail et bête de rente : la jument qui laboure et qu'on fait pouliner, le bœuf qu'on engraisse après avoir utilisé ses forces, en sont des exemples frappants; mais c'est surtout en ce qui concerne les bêtes dites de rente que le nom de ces dernières ne nous semble pas rappeler avec une précision suffisante les multiples détails de la pratique agricole. Le nom de bêtes de rente ne convient bien, selon nous, qu'aux animaux représentant un capital immobilisé pour longtemps, et qui donnent à leur maître des revenus quelque peu réguliers : ainsi la vache avec son lait, la brebis avec sa laine, la poule avec ses œufs, etc. Quant aux animaux assimilables aux matières premières du fabricant, qui n'entrent dans une ferme que pour y acquérir, sous l'influence de certains soins de courte durée, une valeur plus grande, ils nous sembleraient mériter mieux le nom de bêtes de profit. Tels sont particulièrement les animaux à l'engrais et ceux qui sont achetés en bus âge pour être bientôt revendus plus cher, après avoir payé, d'une manière quelconque, une partie de l'entretien et de la nourriture qu'ils ont coûtés.

3. Etude de nos races d'Animaux domestiques, t. II, p. 327.

4. Le bœuf n'a pas de dents à la mâchoire supérieure ; elles y sont remplacées par un cartilage solide sur lequel viennent s'appuyer les dents de la mâchoire inférieure. Dans les races communes, deux dents adultes en remplacement des pinces de lait indiquent l'âge de deux ans; quatre dents adultes marquent trois ans; à quatre ans, il y a six dents de lait remplacées, il y en a huit à cinq ans. L'usure des dents devient ensuite le seul indice de l'âge,

en tenant compte toutefois des variations qui peuvent résulter du régime alimentaire des animaux. Dans les races les plus précoces, les phases que nous venons de signaler s'accomplissent beaucoup plus tôt : à vingt et un mois, — à deux ans trois mois, — à deux ans neuf mois, — et à trois ans trois mois.

5. Certains cantons de la Belgique et de l'Italie poussent cette industrie plus loin encore; ils n'élèvent pas de velles et achètent les bêtes déjà grandes à des producteurs d'autres localités.

6. La Limagne d'Auvergne avec le senectère, la Normandie avec le neufchâtel, le calembert et le livarot, la Flandre et la Picardie avec le marollos ne se sont-elles pas acquis, comme la Brie elle-même, une juste et universelle réputation?

7. De 1827 à 1856, nous avons importé 1,558,600 bêtes bovines, et nous en avons exporté seulement 460,880 têtes. Or ce double mouvement résulte de l'exportation de 15,169 taureaux, bouvillons et taurillons, 68,630 veaux, 12,440 génisses, 233,260 bœufs et 140,390 vaches, — et de l'importation de 127,040 taureaux, bouvillons et taurillons, 454,000 veaux, 65,240 génisses, 282,700 bœufs et 629,620 vaches.

8. On confond ordinairement sous le nom de races anglaises toutes les races perfectionnées de l'Angleterre et de l'Ecosse. Les angus et les ayr sont des bêtes écossaises; les devon, les hereford et les durham sont anglaises.

9. C'est un bœuf de cette race qui vient d'obtenir à Poissy les honneurs du concours international des animaux de boucherie.

10. L'inoculation, qui est pour les bêtes ce que la vaccine est pour les hommes, semble promettre à nos agriculteurs un moyen efficace de diminuer notablement les ravages de la pleuropneumonie contagieuse.

11. La Beauce à elle seule perdrait chaque année, lit-on dans le Recueil de Médecine vétérinaire (n° de février 1862), pour 3 millions de francs de bestiaux par le sang de rate.

12. J'ai vu, dans des années humides comme celles dont l'agriculture française a tant souffert dernièrement, des troupeaux entiers disparaître en peu de mois sous les atteintes de cette cruelle maladie.

II. LES BÊTES DE RENTE. — L'ACCLIMATATION DES ESPÈCES NOUVELLES.

13. Le piétin paraît être une variété de la maladie aphtheuse qui porte le nom de cocotte quand elle affecte nos bêtes bovines. Le Journal d'Agriculture pratique a donné dans les n° du 20 novembre 1861 et du 20 février 1862, relativement au piétin, deux articles que nous croyons devoir signaler à l'attention de nos lecteurs.

14. Le calcul par têtes du nombre d'animaux que peut entretenir une exploitation et du nombre de moutons qui correspond à l'entretien d'une bête bovine laisse toujours le lecteur dans l'incertitude. Quel est en effet le type de cette bête? S'agit-il d'une petite bretonne ou d'une grosse normande? On devrait, à la rigueur, ne parler que du poids vivant des animaux. Nous le savons; mais nous avons voulu nous servir des données habituelles, de peur d'être moins généralement compris.

15. 4,419,560 béliers, brebis et moulons, et 318,160 agneaux. Nos importations proviennent surtout, pour les bêtes adultes, des pays allemands, de la Belgique et de la Suisse, et de la Sardaigne pour les agneaux.

16. 1,203,350 béliers, brebis et moutons, et 95,380 agneaux. L'Angleterre et l'Espagne sont les pays qui nous en ont demandé le plus grand nombre.

17. A un an pour les races les plus précoces, quatre mois plus tard pour les races moyennes, six mois plus tard pour les races tardives commence l'émission des dents de remplacement. Celles-ci permettent, comme elles font chez les autres animaux domestiques, de préjuger l'âge du mouton. La seconde émission se fait à dix-huit mois, deux ans et deux ans six mois suivant les races. Vers deux ans trois mois, deux ans neuf mois ou trois ans six mois, on compte six dents adultes. Les huit dents de lait sont toutes remplacées à trois ans, trois ans et six mois ou quatre ans et six mois.

18. Le Rouergue à lui seul possède peut-être un million de bêtes ovines, dont les brebis forment environ les deux tiers.

19. Le concours de Poissy (16 avril 1862) a signalé à l'attention de nos cultivateurs une race nouvelle, la race shropshire, que la France ne connaissait pas, et qui paraît se multiplier assez rapidement en Angleterre. La sobriété, la rusticité et le rendement en viande nette de ces animaux passent pour être fort remarquables.

20. La plupart de ces rares transactions ont été accomplies avec les états sardes et avec l'Espagne.

21. Au château de Randans (Puy-de-Dôme), alors qu'il appartenait à la princesse Adélaïde d'Orléans.

22. Sur 4,102,440 bêtes porcines importées de 1827 à 1856, il y avait 3,775,660 cochons de lait, tandis qu'on n'en voit figurer que 431,280 dans le total de 1,026,630 bêtes exportées pendant la même période.

23. Le bouclement est une opération qui consiste à fixer dans le groin du cochon un anneau ou un fil de fer destiné à l'arrêter par la souffrance quand il veut fouiller la terre.

24. Voyez à ce sujet, dans la Revue du 15 janvier 1861, la remarquable étude de M. J.-J. Baude, dont nous avons à déplorer la perte récente.

25. Plusieurs prix de vente se sont élevés de 5 à 10,000 francs.

ISBN : 978-1986404099

www.ingramcontent.com/pod-product-compliance
Lightning Source LLC
Chambersburg PA
CBHW070358230526
45471CB00006B/2635